中华精神家园

文化标记

特色之乡

文化之乡与文化内涵

肖东发 主编　袁凤东 编著

中国出版集团

现代出版社

图书在版编目（CIP）数据

特色之乡 / 袁凤东编著. — 北京：现代出版社，
2014. 11（2019. 1重印）
（中华精神家园书系）
ISBN 978-7-5143-3069-4

Ⅰ. ①特… Ⅱ. ①袁… Ⅲ. ①城市特色－介绍－中国
②特产－介绍－中国 Ⅳ. ①F292. 21②F762. 7

中国版本图书馆CIP数据核字(2014)第244371号

特色之乡：文化之乡与文化内涵

主　　编：肖东发
作　　者：袁凤东
责任编辑：王敬一
出版发行：现代出版社
通信地址：北京市定安门外安华里504号
邮政编码：100011
电　　话：010-64267325 64245264（传真）
网　　址：www.1980xd.com
电子邮箱：xiandai@cnpitc.com.cn
印　　刷：固安县云鼎印刷有限公司
开　　本：710mm×1000mm 1/16
印　　张：9.75
版　　次：2015年4月第1版　2021年3月第4次印刷
书　　号：ISBN 978-7-5143-3069-4
定　　价：29.80元

　　党的十八大报告指出："文化是民族的血脉，是人民的精神家园。全面建成小康社会，实现中华民族伟大复兴，必须推动社会主义文化大发展大繁荣，兴起社会主义文化建设新高潮，提高国家文化软实力，发挥文化引领风尚、教育人民、服务社会、推动发展的作用。"

　　我国经过改革开放的历程，推进了民族振兴、国家富强、人民幸福的中国梦，推进了伟大复兴的历史进程。文化是立国之根，实现中国梦也是我国文化实现伟大复兴的过程，并最终体现为文化的发展繁荣。习近平指出，博大精深的中国优秀传统文化是我们在世界文化激荡中站稳脚跟的根基。中华文化源远流长，积淀着中华民族最深层的精神追求，代表着中华民族独特的精神标识，为中华民族生生不息、发展壮大提供了丰厚滋养。我们要认识中华文化的独特创造、价值理念、鲜明特色，增强文化自信和价值自信。

　　如今，我们正处在改革开放攻坚和经济发展的转型时期，面对世界各国形形色色的文化现象，面对各种眼花缭乱的现代传媒，我们要坚持文化自信，古为今用、洋为中用、推陈出新，有鉴别地加以对待，有扬弃地予以继承，传承和升华中华优秀传统文化，发展中国特色社会主义文化，增强国家文化软实力。

　　浩浩历史长河，熊熊文明薪火，中华文化源远流长，滚滚黄河、滔滔长江，是最直接的源头，这两大文化浪涛经过千百年冲刷洗礼和不断交流、融合以及沉淀，最终形成了求同存异、兼收并蓄的辉煌灿烂的中华文明，也是世界上唯一绵延不绝而从没中断的古老文化，并始终充满了生机与活力。

　　中华文化曾是东方文化摇篮，也是推动世界文明不断前行的动力之一。早在500年前，中华文化的四大发明催生了欧洲文艺复兴运动和地理大发现。中国四大发明先后传到西方，对于促进西方工业社会的形成和发展，曾起到了重要作用。

中华文化的力量，已经深深熔铸到我们的生命力、创造力和凝聚力中，是我们民族的基因。中华民族的精神，也已深深植根于绵延数千年的优秀文化传统之中，是我们的精神家园。

总之，中华文化博大精深，是中国各族人民五千年来创造、传承下来的物质文明和精神文明的总和，其内容包罗万象，浩若星汉，具有很强的文化纵深，蕴含丰富宝藏。我们要实现中华文化伟大复兴，首先要站在传统文化前沿，薪火相传，一脉相承，弘扬和发展五千年来优秀的、光明的、先进的、科学的、文明的和自豪的文化现象，融合古今中外一切文化精华，构建具有中国特色的现代民族文化，向世界和未来展示中华民族的文化力量、文化价值、文化形态与文化风采。

为此，在有关专家指导下，我们收集整理了大量古今资料和最新研究成果，特别编撰了本套大型书系。主要包括独具特色的语言文字、浩如烟海的文化典籍、名扬世界的科技工艺、异彩纷呈的文学艺术、充满智慧的中国哲学、完备而深刻的伦理道德、古风古韵的建筑遗存、深具内涵的自然名胜、悠久传承的历史文明，还有各具特色又相互交融的地域文化和民族文化等，充分显示了中华民族的厚重文化底蕴和强大民族凝聚力，具有极强的系统性、广博性和规模性。

本套书系的特点是全景展现，纵横捭阖，内容采取讲故事的方式进行叙述，语言通俗，明白晓畅，图文并茂，形象直观，古风古韵，格调高雅，具有很强的可读性、欣赏性、知识性和延伸性，能够让广大读者全面接触和感受中国文化的丰富内涵，增强中华儿女民族自尊心和文化自豪感，并能很好继承和弘扬中国文化，创造未来中国特色的先进民族文化。

2014年4月18日

大放异彩——工艺之乡

名满天下——文化之乡

各有千秋——艺术之乡

出产之地——特产之乡

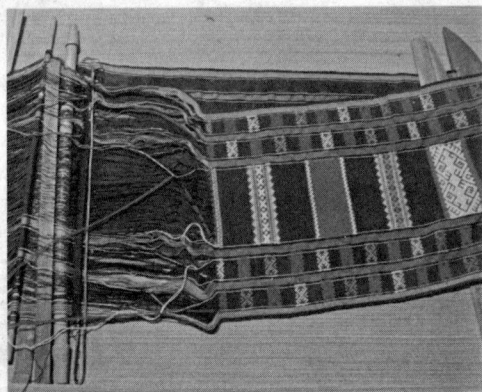

在我国各地，有许多丰富多彩的工艺之乡，如石雕之乡曲阳、刺绣之乡苏州、丝绸之乡南充、剪纸之乡蔚县、风筝之乡潍坊。此外，还有木雕、绣花织品、编织物、家具、象牙雕刻、绢花、麦秆贴、金银首饰、装饰壁等。

由于各地在历史时期、地理环境、经济条件、文化技术水平、民族习尚和审美观念等方面的不同，因而显示出不同的时代风格、民族风格和地域特色。但是，它们在文化艺术上却集壮美与朴素于一身，表现出淳朴明朗的风格，具有鲜明的的特色。

工艺之乡

石雕之乡——曲阳

    曲阳，位于华北平原西部，太行山东麓。因地处古恒山弯曲处的阳面而得名，为河北古老县份之一，素有"中国雕刻之乡"的美誉。

    曲阳有着深厚的文化底蕴，据考证，早在几十万年前，曲阳北部的"灵山溶洞"就有华夏猿人繁衍生息。在五六千年前的仰韶文化时

■曲阳石雕螭首

期，氏族部落已在这里出现。到商周时期，曲阳西北部已出现村落。

源远流长的历史积淀，孕育了曲阳辉煌的文化。曲阳境内，有见证我国陶瓷业辉煌历史的定窑遗址，有千年古刹北岳庙、黄石公祠等。曲阳之所以享有盛名，更因它创造了灿烂的石雕文化。

曲阳城南有座黄山。传说女道士昌容曾隐居此山，自称殷女，食蓬藟根，往来山下200余年，颜面如童，故此山又称少容山。

黄山横卧东西，状若银龙。满山汉白玉大理石，洁白晶莹，纯净细腻，润滑坚韧，经久耐磨，色泽不败，是石雕的优质材料。这种特有的石料资源是曲阳石雕早期发展的最基本的因素和条件。

相传，春秋战国时期诸子百家流派之一的黄石公，为曲阳人。当他还是个幼小的婴儿时，被弃于曲阳的黄山。长大后隐居黄山，著书立说，留下《素书》和《雕刻天书》。他把前部书传给张良，把《雕刻天书》传给曲阳同乡宋天昊、杨艺源两位弟子，从此曲阳人开始在黄山上创习石木雕刻。

有史料可考，大约在公元前200年前，曲阳西羊

■ 曲阳石雕汉白玉释迦牟尼佛

诸子百家 先秦学术思想人物和派别的总称，诸子指的是先秦时期老子、孔子、庄子、墨子、孟子、荀子等学术思想的主要代表人物；百家指的是儒家、道家、墨家、名家、法家等学术流派的代表家。诸子百家为我国文化发展奠定了宽广的基础。

■ 曲阳石雕工艺品

刘秀 （前5—57），东汉王朝开国皇帝，我国历史上著名的政治家、军事家。公元25年，刘秀在河北登基称帝，仍以"汉"为其国号，史称"东汉"。在位期间，大兴儒学，推崇气节，东汉被后世史学家推崇为我国历史上"风化最美、儒学最盛"的时代。

平一带石工开始用当地大理石雕碑碣诸物。这一时期也是我国古代雕塑艺术发展的初期阶段，在制作题材的表现形式上，除继承了战国和秦代的艺术成就以外，石刻艺术成就特别突出。

西汉时期，曲阳石雕用于建筑业。在保定曲阳王台北村的白草坡上，曾有一座大型汉白玉结构的高塔，相传是东汉光武帝刘秀为一条义犬而修建的，名曰"狗塔"，在当地还流传着一个动人的故事。

相传，西汉末年，王莽篡权，改国号为新朝，但新朝上下官吏皆为虎作伥，助纣为虐，天下哀鸿遍野。刘秀为推翻王莽便在河南南阳起兵，之后被王莽一路追杀。

这一天，刘秀跑到曲阳王台北村南的白草坡上，躲藏在草丛中。追兵一时找不到刘秀，就开始放火烧山。眼看刘秀葬身火海，突然从村口跑来一条大黄狗，只见它跳进附近的一个水塘中，然后再浑身湿淋淋地跑到刘秀身边滚一滚，把其周围的枯草弄湿。

就这样，那条黄狗周而复始，一次次地在枯草上翻滚，终于制止住烈火的蔓延，从而保住了刘秀的性命，但那条黄狗却因过度劳累而死。刘秀十分感激这条通灵性的义犬，将它埋葬后才离去。

刘秀称帝以后，还是念念不忘那条义犬的救命之恩。于是，诏令曲阳当地石匠在那白草坡上修建了一座"狗塔"，以示对义犬永久纪念，而那白草坡也被后人称为"狗塔坡"。

狗塔全部是用当地出产的汉白玉及砖瓦精雕筑成，共13层，高约50米，塔形呈平面八角形，每层四面均设有券门，塔身各层高度及塔径自下而上逐层递减，收分得体。

在狗塔底座四面的栏板上，雕刻着数百条形态各异的犬，栩栩如生，引人入胜。狗塔第一层的外壁上刻有光武帝刘秀为义犬亲自撰写的祭文，塔内一至四层的石壁上还刻有浮雕壁画。

第一层是"义犬救刘秀"的惊险场面，赞颂了义犬舍死救人的精神；第二层是"荆轲刺秦王"的历史画面，表现了燕国侠客荆轲不畏强暴、舍身报国的英雄气概。第三层是"刘秀大战昆阳"的战斗场面，曲阳石雕艺人通过自己的艺术构思与精湛的雕刻技艺，使活生生的战斗场面跃然于坚石之上，以此表现光武帝刘秀推翻王莽、天下悦服的正义行为；第四层是"田园雨耕图"，此浮雕刻画的是农夫赶着耕牛在清风细雨中劳作的场面，表现了刘秀称帝之后，人们安居乐业和风调

005

大放异彩
工艺之乡

■ 曲阳石雕工艺品公鸡报晓

雨顺、五谷丰登的社会现状。

狗塔内的这些浮雕作品，构图严谨，布局匀称，刀工细腻，形象逼真，艺术性较高，代表着当时曲阳雕刻艺人的技艺水平。

曲阳狗塔是我国最早的纪念碑式大型石雕之一，也是我国东汉时期石雕艺术成就较高的建筑物。令人痛惜的是，这座狗塔后来因为年久失修而倒塌。

元代时，曲阳石雕艺术有了新的发展，作品造型优美，做工精细，奇巧生动，品种丰富，风格、流派各异，石雕艺人层出不穷。

杨琼是元代曲阳黄山脚下西羊平村出名的石雕艺人，其父、叔、兄均以石雕为业，唯杨琼技艺高超，每自出新意，人莫能及。元世祖忽必烈建都，诏各地石匠进京献艺。杨琼取汉白玉两块，雕刻成一狮一鼎，忽必烈见之大喜，赞曰："此绝艺也。"

■曲阳石雕象

明清时期，曲阳石雕工艺
更加地精巧，清末曲阳人雕刻
的《仙鹤》《干枝梅》等作品
在巴拿马国际艺术博览会上荣
获第二名，以至天下咸称曲阳
石雕。

■曲阳石雕狮

曲阳石雕的传统工艺是利
用开脸特技法，在石料上画
出大概轮廓，先雕鼻子，再从
头到脚依次雕刻，做到内外有
度，比例协调。传统产品有碑
刻、经幢、栏板、八仙、八音人、佛像、武士、仕女、石狮、石猴、
石虎、石象、石羊、石棺、石灯、石柱、石墩、石槽等。

曲阳石雕既不失曹魏神秘朦胧的粗犷气魄，又承启唐宋自然丰满
庄重优美的造型，菩萨观音、力士天女、龙凤狮兽为其艺术典型。此
外，浙江青田、浙江温岭、福建惠安、山东嘉祥也是我国著名的石雕
之乡，在全国具有非常重要的地位。

大放异彩

工艺之乡

阅读链接

曲阳北岳庙内存有碑、碣、经幢200多通，并建有碑廊、
碑楼，是河北最大的碑群之一。时间从南北朝至清末计1500多
年。碑刻中的大唐定州北岳恒山灵庙之碑、大唐北岳祠碑、大
唐北岳神之碑、大宋重修北岳安天王庙之碑、大宋重修北岳庙
之碑、苏轼诗词碑、大元封加北岳手诏碑等，堪称书法艺术的
宝库。

北岳庙内建有雕刻艺术馆，保存古雕刻100多件。其中的西
汉石虎、北魏石狮、北魏背光千佛像、唐代石灯、唐代大佛、
石佛笑和尚、金代经幢为最佳。

杂技之乡——吴桥

　　我国的杂技艺术历史悠久，源远流长，是中华民族珍贵的优秀文化遗产。我国的杂技之乡有许多，像山东的聊城，江苏的盐城，河南的濮阳，河北的吴桥、肃宁、霸州，等等。但是，就群众基础雄厚和在海内外的影响而言，最著名的要数吴桥了。

■吴桥杂技耍飞叉泥塑

吴桥当地人们把杂技叫作"耍玩意儿"，民间流传有这样的顺口溜：

上至九十九，下至才会走，吴桥耍玩意儿，人人有一手。

吴桥杂技历史悠久。在吴桥县小马厂村出土的距今约1500年前南北朝东魏时期的古墓壁画上，就描绘着倒立、肚顶、转碟、马术等杂技表演形象。但是，沧州吴桥杂技在全国享有盛誉则在元代以后。

在这之前，河南的杂技比较有影响，元王朝建立后，首都由河南开封迁至北京，河北沧州吴桥杂技开始繁荣起来。

至明永乐年间和明万历年间，吴桥杂技活动进入繁盛时期。主要标志是在这一时期，在宁津、吴桥二县交界处，杂技艺人集中、交通方便的黄镇，形成了一个杂技行业的庙会，即黄镇九月庙会。

这是一个杂技艺术和杂技相关动物道具等用品及杂技人员交流的庙会，规模之大，时间之长，范围之广都是前所未有。黄镇杂技庙会延续了约500年。

明朝中期，吴桥杂技逐渐形成两个流派：一派以

■ 吴桥杂技走高跷泥塑

庙会 又称"庙市"或"节场"，汉族民间宗教及岁时风俗，也是我国集市贸易形式之一。其形成与发展和地庙的宗教活动有关，在寺庙的节日或规定的日期举行，多设在庙内及其附近，故名。流行于全国广大地区。形成于南北朝时期，当时商贩为供应游人信徒，百货云集。

关公（约160—219），本字长生，后改字云长，名关羽，河东解人。东汉末年著名将领。其形象被后世的人们神化，是民间祭祀的对象，被尊称为"关公"；又经历代朝廷褒封，清代时被奉为"忠义神武灵佑仁勇威显关圣大帝"，崇为"武圣"，与"文圣"孔子齐名。

北牟乡为中心，称"东派"，后来该派逐步蔓延到宁津、南皮等县；一派以仓上乡、范屯乡为基地，称"西派"。

后来西派实力强大，流传到吴桥全县。在西派当中，又分成许多门类，而以"刘家门""齐家门""陶家门"最为著名。

刘家门在明中期形成，擅长武功和马术，该门传统节目，除以武功为主外，还有扦子、三股子、顶功和刀门子。到了清咸丰年间，该派掌门人刘永贵创设了马术，最突出的节目是"关公劈刀"。他把戏剧艺术吸收到杂技表演中来，使杂技艺术更加丰富多彩。

齐家门在明末形成，该门的独特艺术是"兴活""闷子"和"刺清子"。后来又创建了"气功"功夫，有独到之处。

陶家门创建于清初，该门主要技艺为古彩戏法和"捞活"，也就是幻术和魔术的前身。最初各门界限分明，各树一帜。到了清末，各门互相学习，取长补短，也就逐渐融为一体。

清末，吴桥杂技艺人开始大批地走出国门。由于在更大更广阔的范围内活动，给了吴桥杂技一个极大的发展机会，吴桥产生了一大批

■吴桥杂技表演卖艺泥塑

■ 吴桥杂技云里飞
泥塑

的名人名班，代表了当时我国杂技的水平，并对世界
杂技产生了积极的影响。

　　吴桥杂技节目包罗万象，尤其是在民间，杂技又
细分为签子活、粒子活、挂子活3种。

　　签子活包括：形体表演类节目，集传统的体育、
体操、武术、舞蹈、杂技之大成，如《爬竿》《钻桶》
《滚杯》《飞杆》等；

　　平衡技巧类节目，如《高台定车》《车技》《走钢
丝》《高车踢碗》等，一些节目兼而有形体表演和平
衡技巧，如《椅子顶》《排椅》；

　　耍弄表演类节目，也是吴桥最古老的节目种类，
如《抖空竹》《转碟》《舞流星》《十样杂耍》等；

　　高空表演类节目，如《走玄绳》《空中悠绳》《蹦
床飞人》《高空钢丝》等；

气功 古时也叫
金丹之术，或为
内丹，行气导引
法。一种以呼吸
的调整、身体活
动的调整和意识
的调息、调形、
调心为手段，以
强身健体、防病
治病、健身延
年、开发潜能为
目的的一种身心
锻炼方法。气功
的种类繁多，主
要可分为动功和
静功。

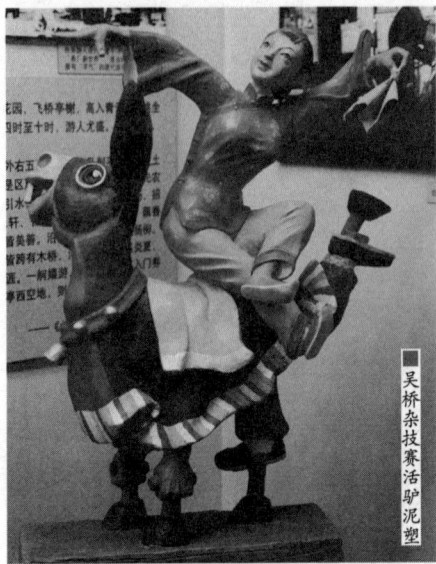
■吴桥杂技赛活驴泥塑

口技仿声类节目，演员多用口发出的声响，形象模拟动物、禽鸟的鸣叫以及生产、生活中发出的各种声音。

粒子活，旧时称"幻术"，按法门形式上分有手彩门，即手彩，如《仙人摘豆》等；

彩法门，也就是门子活，根据道具的不同，又区分为彩壶式、彩瓶式、彩扇式、彩匣式、彩巾式、彩碗式、彩杯式、彩箱式等。

挂子活是指在把式场上表演武术功夫，以自身功夫撂地挣钱。

在2000多年的变迁过程中，吴桥杂技文化不断丰富发展着，形成了独特的表演、道具、管理以及传承等方面的规则，构成了完整的行业文化体系，受到杂技界的推崇，素有"十方杂技九籍吴桥""没有吴桥人不成杂技班"之说。

阅读链接

传说在黄帝时期，黄帝带兵在古冀州一带与蚩尤大战，黄帝派了一个传令兵去传令。传令兵遇风雪迷失了方向，没有完成使命，便远走高飞，在逃生路上表演自身技艺，以此吸引人们来观看再行乞讨。黄帝因派去的传令兵没回来，就派人去抓传令兵。派出去的人抓不着传令兵，也慢慢走上了以表演来乞讨的道路。

表演乞讨的人从打拳、翻跟斗开始，最后成了一种专门的技能。因卖艺之时都是饿着肚子的，所以后来艺人们在练功和卖艺时，师父都要求空腹。

刺绣之乡——苏州

苏州坐落于长江三角洲的地理中心，太湖之滨，长江南岸的入海口处。自古以来，苏州以精湛的传统织绣工艺闻名于世，被誉为"刺绣之乡"。

苏绣艺术以其精美绝伦的工艺载誉于世，成为我国名贵刺绣艺术品中最有影响的流派之一，与湖南的湘绣、四川的蜀绣和广东的粤绣并称我国的"四大名绣"。

早在我国战国时期，江苏吴县的木渎、光福以及东渚一带的民间就有了刺绣工艺。从吴县唯亭镇北草鞋山遗址出土的3块古老手工织

苏绣冬景戏婴图

虎丘塔 驰名中外的宋代古斜塔。始建于五代后959年，落成于北宋961年。塔七级八面，内外两层枋柱半拱，砖身木檐，是10世纪长江流域砖塔的代表作。塔内存有大量文物，其中有越窑、莲花石龟等罕见的艺术珍品。

成的葛布残片来看，吴地在距今5000多年前就具备了产生刺绣的物质条件。

在苏州虎丘塔、瑞光塔发现的苏绣经袱，绣工纯熟，古朴大方，据考证为五代至北宋初的绣品。可知当时已有技术要求很高的铺针、接针等针法，苏绣在宋代已进入成熟阶段。

据《宋平江城坊考》，苏州城内有一条"绣线巷"，集中了多家作坊为刺绣业制造丝线。宋代苏绣艺术中出现了一种"发绣"，也称"墨绣"，即以人的头发代替丝线来刺绣。这种技艺主要是用以绣佛像。发绣艺术长于"白描"，往往线条流泻，朴素高雅，洗练洒脱，别具一格。明代中后期的苏绣艺术受到文人画的影响，更加提高了艺术品位。一大批具有绘画基础的女刺绣家，如马湘兰、顾媚、薛素素、董小宛、徐灿等，或精于绣佛像、人物，或擅长花卉、虫鸟，在刺绣艺术中融入浓厚的文人画风味。

其中最突出的还要数嘉靖年间崛起于上海的露香园顾绣，以及顾绣中的杰出代表韩希孟。她是露香园主人顾名世的次孙媳，她的丈夫顾寿潜师承董其昌。董其昌书画兼擅，一时号称江南翰墨丹青盟主。

■ 苏绣钉珍珠花鸟图

董其昌曾在韩希孟刺绣作品上题跋，尤为赞赏韩绣殚精运巧，数年心力绣制的临摹宋元名迹册页8幅。韩希孟从董其昌的画中悟出苏绣技艺，将画技绣艺熔为一炉，取得了极高的成就，对后世苏绣产生了深远的影响。

■ 苏绣夔龙凤牡丹纹垫面

清代苏绣，进入全盛时期。朝廷设苏州织造衙门，督造与差派锦、缎、刺绣等物品，以满足皇室生活和官绅商贾的要求，这就刺激了苏绣艺术的繁荣。至清代末期，绣庄数量迅速发展，无论艺术绣品还是民间刺绣，都取得了前所未有的大发展。

清代苏绣艺术品种繁多，名家辈出，流派纷呈。"画绣"中的名手，有以发绣见长的钱蕙善，《女红传征略》评其作品为"不减龙眠白描"。昆山赵慧君，吴江杨柳君，吴县曹墨琴等也都是各有专擅的苏绣名手，她们的作品往往有名人的边款和题跋。

在这众多闺阁名媛绣家中，华亭丁佩在刺绣之余，还著有一本《绣谱》，详细论述了苏绣艺术的技巧方法、工艺特点以及艺术价值等。

随着西方文化渗透进我国文化的各个领域，苏绣也汲取西方艺术中的一些营养。于是，清代末期出现了一些敢于探索，锐意创新的苏绣名家。如沈云芝、华瑾、李佩黻等。其中影响最大的是沈云芝，她不仅

顾绣 源于明代松江府顾名世家而得名。因以名园故世称其家刺绣为"露香园顾绣"或"顾氏露香园绣"或简称"露香园绣""顾绣"。它是以名画为蓝本的"画绣"，以技法精湛、形式典雅、艺术性极高而著称于世。

苏绣小鸟图

特色之乡

文化之乡与文化内涵

是一位杰出的苏绣艺术家，也是一位苏绣工艺理论家和教育家。

沈云芝融西画肖神仿真的特点于刺绣之中，新创了"仿真绣"。1904年，慈禧70岁寿辰，沈云芝绣了佛像等8幅作品祝寿。慈禧大加赞赏，书写"寿""福"两字，分赐给沈云芝和她的丈夫余觉。从此沈云芝改名"沈寿"。

此后不久，沈云芝的作品《意大利皇后爱丽娜像》，曾作为国家礼品赠送给意大利，轰动了意国朝野；《耶稣像》1915年在美国举办的"巴拿马-太平洋国际博览会"获一等大奖。

在沈寿的倡导下，江苏的苏州、南通、丹阳、无锡、常熟等地分别举办了刺绣传习所、绣工科、绣工会等。她曾先后到苏州、北京、天津、南通等地授徒传艺，培养了一代新人。

在当时，著名艺人还有华基、唐义真、李佩黻、蔡群秀、张应秀、金静芬等，她们的作品先后在"意大利都朗万国博览会""巴拿马-太平洋国际博览会""比利时万国博览会"上获奖，为中华民族传统工艺在国际上赢得了荣誉。

苏绣主要品种，从大的方面来划分，有画绣和苏绣日用品两大类。日用品中，从生活小用品到室内用品，几乎无所不包；而苏绣欣赏品就更是数不胜数，摆件、挂件、立件、册页、肖像应有尽有。

从材料方面来分，主要有丝绣、发绣等。如从艺术性质来分，则有画绣、仿真绣、精微绣等。此外，苏州缂丝以生丝为经，彩色熟丝为纬，被称为"刻丝"，也可制成画绣般的作品，别有异趣，可以看作是苏绣的姊妹艺术。

苏绣的主要艺术特点是图案工整娟秀，色彩清新高雅，针法丰富，雅艳相宜，绣工精巧细腻绝伦。

就苏绣的针法而言，极其丰富而变化无穷，共有9大类43种，主要有齐针、抡针、套针、施针、乱针、滚针、切针、平金等。采用不同的针法可以生产不同的线条组织和独特的苏绣艺术表现效果。

例如，运用施针、滚针绣的珍禽异兽，毫发毕见，活灵活现，栩栩如生；采用散套针绣的花卉，活色生香，香味扑鼻，尽态尽妍；使用乱针绣的人像和风景，绒条组织多变，装饰味浓，艺术效果强，富有浓郁的民间、民族特色。

使用打点绣的绣品，则清静淡雅，极富诗情画意；运用打子绣的绣品，则具有古色古香、淳朴浑厚的艺术效果与技巧上的平、齐、细、密、和、光、匀、顺的特色。

苏绣融审美意趣和实用功能以及精湛的手工技艺为一体，其浓郁的吴文化意蕴和精巧绝伦的特技手法，足以令人赞叹不止。

阅读链接

苏绣主要的传世名作有：《北宋苏绣经袱》《意大利王后爱丽娜像》《拿破仑像》《双面发绣寒山寺》《明万历皇后百子衣复制品》《苏绣姑苏繁华图》《英国女王肖像绣》等。

其中的《明万历皇后百子衣复制品》，是苏绣艺人在考证、分析、测绘分解出土文物基础上精心仿制的。它的意义在于探索苏绣艺术历史上的工艺水平，同时也是对文化保护与开发的一大贡献。据专家鉴定，此复制品绣作几可乱真，填补了刺绣工艺恢复古代文物原貌的一个空白。

丝绸之乡——南充

南充位于四川盆地东北，嘉陵江中游，古为蚕丛之地，周属巴国，秦属巴郡，唐置果州、蓬州、阆州，宋置顺庆府、保宁府。

南充地形以丘陵为主，属亚热带季风湿润气候区，光、热、水资源丰富，土壤自然肥力较好，具有发展蚕丝生产的得天独厚的自然条件，自古以来具有蚕丝原料资源、加工能力、技术力量、名特产品等优势，是我国著名的"丝绸之乡"，在国内外享有盛誉。

南充丝绸起源于远古。我国最早的地方志《华阳国志》记载了南充丝绸最早的历史：

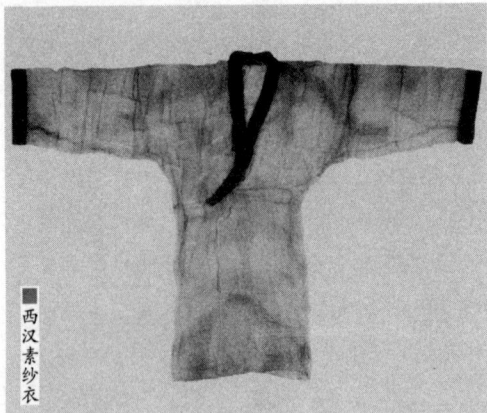

西汉素纱衣

禹会诸侯于会稽，执玉帛者万国，巴、蜀往焉。

即大禹在会稽召集各方诸侯，包括巴国和蜀国在内的不少诸侯带去了玉石和丝绸。

据语文性辞典《辞源》中记载："巴者，古国名，位于重庆市及四川省东部一带地方。"南充属于当时的巴国，南充辖区内的阆中市就是曾经的巴国国都。

《南充市志》《南充蚕丝志》对南充丝绸的发展做了更为详尽的叙述。周初，南充、西充、南部、阆中等地，桑、蚕、麻、纻已成为献给周王朝的贡品。

秦汉时期，各县令皆劝课农桑，丝绸业一跃成为南充社会经济的一大支柱。广安等县从汉章帝时起，就实行了以布帛为租，是历代用丝绸为田赋的开始。"巴蜀人文胜地，秦汉丝锦名邦"，则真实反映了这一时期南充的社会现状。

南北朝及隋代时，南充各县实行均田制，除男授80亩、女授20亩露田外，每人另给20亩永业田作桑田。蚕丝之月，女皆事蚕。这种桑田，实际是家庭桑园的雏形，对于稳定发展蚕桑生产起了积极的作用。

在南充丝绸发展历史上，唐宋的650多年间是鼎盛时期。杜甫"桑麻深雨露，燕雀伴生成"和贾岛"蚕月缲丝路，农时碌碡村"的名句，正反映了当时

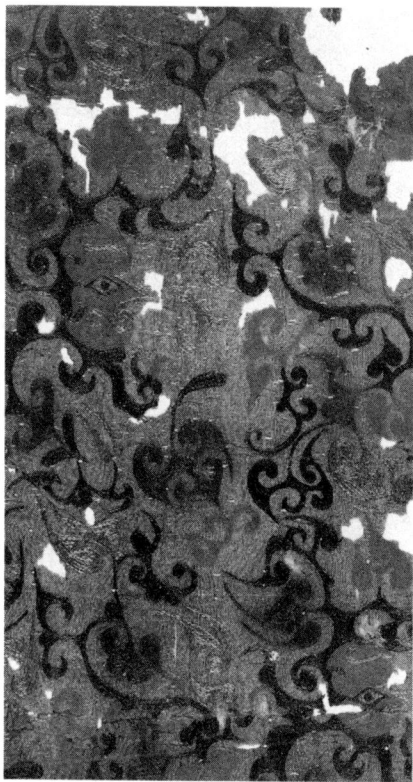

■西汉乘云绣黄色对鸟菱纹绮

蚕丛 又称蚕丛氏，是蜀国首位称王的人，他是位养蚕专家，据说他的眼睛跟螃蟹一样是向前凸起的，头发在脑后梳成"椎髻"，衣服样式向左交叉，最早他居住岷山石室中。后来蚕丛为了养蚕事业，率领部族从岷山到成都居住。

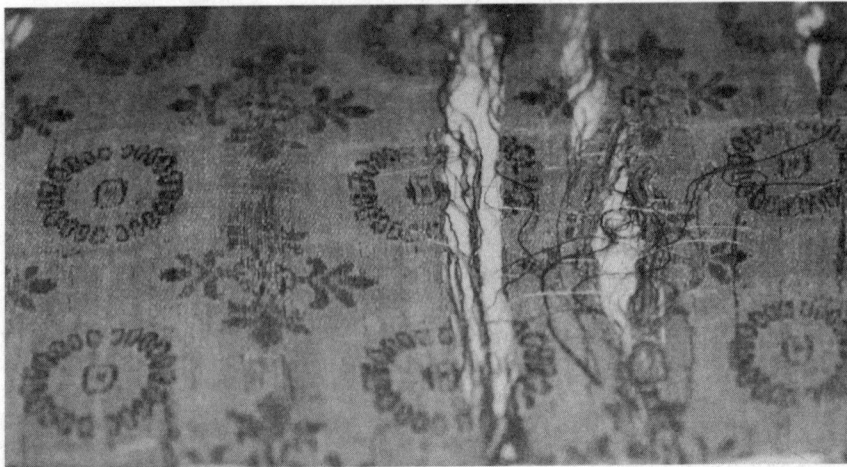

■ 苏绣钉珍珠花鸟图

南充蚕丝景状。

唐开元中，南充已成为全国重要的绫绢产地。南充丝绸的产量和质量，均已称冠全国，有绸、绫、绵、绢、丝等10多种产品被定为朝廷常贡，人称"胜苏杭品质之优，享天宝物华之誉"，并由长安输往日本，名扬中外。

到了元代，忽必烈的"国以农桑为本"政策，对于南充丝绸的发展起到过积极作用，但因战乱纷繁，南充丝绸业趋于停滞和衰败。

到了明代，政府规定耕地5亩以上必植桑麻1亩，违者交绢一匹，刺激蚕桑生产。阆中、苍溪等地所产的水丝，精细光润，畅销吴、越、闽等地。可见，当时南充的丝绸也恢复到了相当的水平。

清入主中原后，官府也注重丝绸发展，阆中、蓬州等地均劝课农桑，西充等县还明令谷雨之后差不下乡，停征停讼，以不误蚕时。"田中清水盈盈，陌上新桑扶疏；农夫挥鞭叱牛，村姑攀枝采桑。"在南充

良渚文化 分布的中心地区在太湖流域，而遗址分布最密集的地区则在太湖流域的东北部、东部和东南部。属于新石器时期文化遗址。最大特色是所出土的玉器，包含有璧、琮、钺、璜、冠形器、三叉形玉器、玉镯、玉管、玉坠、柱形玉器、锥形玉器、玉带及环等。另外，陶器也相当细致。

这块土地上，到处呈现出一派栽桑养蚕的繁忙景象。

此外，浙江湖州、江苏苏州、浙江杭州素有"丝绸之府"之称。湖州丝绸历史悠久，距今已有4700多年历史。自远古以来，盛名不衰。湖州丝绸以其精美绝伦远销全国、世界，享有"衣被天下"之美誉。

在湖州南郊钱山漾曾出土一批丝线、丝带和没有碳化的绢片，经考古测定，确定丝线、丝带、绢的年代为距今4700多年前的良渚文化早期，这是世界上发现并已确定的最早的丝绸织物成品。它的发现使湖州丝绸的历史前推4700年，成为世界丝绸最老的寿星。

元代湖州籍著名书画家赵孟頫在《吴兴赋》中有"平陆则有桑麻如云，郁郁纷纷"，明时的诗人在咏湖诗中有"桑柔四郊绿"，两者形象、生动地概括了春天湖州眼野桑林遍地，绿叶叠翠的景观，点染出湖州蚕桑种植园经济特色，和蚕乡的特异风光。

杭州常年生产绸、缎、棉、纺、绉、绫、罗等14个大类，200多个品种，2000余个花色，图景新颖，

■ 清代丝绸服饰

■古代丝绸

富丽华贵，花卉层次分明，人物栩栩如生。

早在2000多年前，苏州地区就有植桑、养蚕，以及缫丝、捣棉的生产活动。明清时代，苏州的丝绸已经名扬海外，苏缎与云锦、杭罗被列为中国东南地区的三大名产。

历史上苏州的丝绸产品一直绵延不绝，从春秋时期的吴缟，到三国两晋时的吴绫；从隋唐时期的八蚕丝、绯绫到宋锦、缂丝；宋、元、明、清时期设置官府织造局，产品更是名目繁多，主要有漳缎、织金、闪缎、妆花缎、摹本缎、天鹅绒、高丽纱、花素累缎等。

阅读链接

沛县在历史上曾涌现出很多武术高手。该县各流派间为了切磋武艺，曾多次举行武术比赛，邻近省、县均有武林高手前来参加，场面极其热闹。其中最壮观的一次是1923年举办的一场历时7天的比武大会，这场比赛有几百名著名拳师举参赛，观众达15万人次。还有一场值得一提的比武发生抗战时期的1943年，这一年，在日伪政府组织的比武大会上，沛县湖西武林高手、心意六合拳师李克俭与日本著名柔道师交手，李克俭一举打败了日本大力士，大长了中国人的志气，大灭了日寇的威风。

剪纸之乡——蔚县

蔚县古称蔚州，为"燕云十六州"之一。远在新石器时期这里就有了人类活动的踪迹，泥河湾地层、庄案、三关等遗址记录着人类在这里最早的生息活动。绵延几千年的文明发展，造就了蔚县深邃的文化内涵。蔚县被称为"中国剪纸之乡"。

据史书记载，蔚县剪纸始于清道光年间。蔚县人一般把剪纸称为"窗花"。"天皮亮"可说是最早的窗花形式，即在云母薄片上绘图着色进行装饰。

早期当地民间还盛行供花鞋、荷包、枕头上刺绣用的"花样"。后融入天津杨柳青年画和武强年画的艺术特色，形成了自

■ 剪纸凤凰朝阳

己特有的风格。在形成的初期，主要是用剪刀剪。后来，慢慢发展到用刀刻，但仍然叫作剪纸。

经过长时间的实践，蔚县剪纸由简单日趋复杂，由粗糙逐渐走向精细。蔚县剪纸的特点，主要集中在"三分刀工七分染"上。它的工艺流程别具一格。

第一步是熏样，即把原纸样或设计的草图，贴在一张白纸上，然后点燃蜡烛进行烟熏，使其在白纸上留下一个清晰"黑样"。后来这道工艺人们已采用晒图的方法。

第二步是闷，就是将刻窗花用的宣纸剪成将要刻制的画幅大小，因为剪纸层数一般是30层至50层为宜，所以要用水淋湿，用手压实，使之形成一个整体，以待刻制。

第三步是刻制。蔚县剪纸由剪刀换成刻刀，其优点不仅在于生产的数量多，更主要的是，刻刀能更好地发挥艺人的艺术思想，刻起来随心所欲，花样翻新。在艺人的手上，刻刀灵活得像笔一样。刻刀有单刀、三角刀、圆口刀之分。刻制时以阴刻为主，兼有阳刻或阴阳结合的方法，使得作品玲珑剔透，层次分明。

第四步是着色，艺人们的行话叫点染。点染所用的颜色要事先用酒调和，因为剪纸的原料是宣纸，用酒调色可以使色彩浸润而不渗透，色彩效

年画是"中国画"的一种，始于古代的"门神画"。清光绪年间，正式称年画，是我国特有的一种绘画体裁，也是我国农村老百姓喜闻乐见的艺术形式。大都用于新年时张贴，含有祝福新年吉祥喜庆之意，故名。传统民间年画多用木板水印制作。

024
特色之乡
文化之乡与文化内涵

■蔚县剪纸

果极佳。浓浅浓淡烘托、渲染得当，富有强烈的透明感和立体感。

蔚县剪纸种类有戏曲人物、鸟虫鱼兽，还有对农村现实生活的描绘，等等，这些作品构图饱满，造型生动璀璨，色彩浑厚细腻，纤巧里显纯朴，把它贴在纸窗上，透过户外阳光的照射，分外玲珑剔透，显得特别地鲜灵活脱，具有一种明朗、清新的情趣。

■ 剪纸麒麟送子

蔚县剪纸题材广泛，寓意深长，生活气息浓郁。无论是反映人们对吉祥幸福的祈盼，还是来源于劳动人民喜闻乐见的历史故事；无论是北方特有的文化背景和民俗风情的再现，还是用于四时节令、婚寿礼仪等庆典，都体现了民间艺人高超的智慧和丰富的想象力。

蔚县剪纸风格严谨，形神兼备。它具有独特的六个特点：

一为构图时具有上下均衡，左右对称的特点，给人以丰满匀称的美感；

二为刻制时以阴刻为主，阳刻为辅。阴刻见色彩，阳刻见刀功，素以刀工精细，色彩浓艳驰名；

三为染色时将点染、涂染、晕染、套染、渲染等技法有机地结合运用，富有鲜明的地方特色，给人以和谐大方的乡土气息感；

四为在人物造型上着意刻画，务求传神妙处，给人以生动优美感，包括其他动植物的造型；

五为采用象征民间吉祥喜庆的"连年有余""岁岁平安"等图

■剪纸福星

苏武（前140—前60），字子卿，杜陵人。汉武帝时为郎。公元前100年，奉命以中郎将持节出使匈奴，被扣留。匈奴贵族多次威胁利诱，欲使其投降，后将他迁到北海边牧羊，扬言要公羊生子方可释放他回国。苏武历尽艰辛，留居匈奴19年持节不屈。公元前81年，方获释回汉。苏武死后，汉宣帝将其列为"麒麟阁十一功臣"之一，彰显其节操。

案，给人以吉祥如意、幸福美满感；

六为在阴刻为主剪纸艺术中，以实用上不遮光的穿透明亮，给人以活灵活现的立体感。

此外，陕西靖边县、福建漳浦和内蒙古和林格尔也是著名的"中国剪纸之乡"。

靖边剪纸内容丰富，题材广泛。传统题材有家禽、家畜、野生动物、植物等。有农家朝夕相处的马牛羊猪鸡兔狗骆驼等。用"鸡"同"吉"谐音，剪只大公鸡，以喻全年吉利如意。

花鸟类剪纸有"石榴赛牡丹"，靖边有"石榴赛牡丹，两家都喜欢"的民谚，是说新郎新娘结成一对美满姻缘双方家里都满意。"石榴与佛手"则有"石榴赛佛手，儿孙满堂无忧愁"的说法。

"蛇盘兔"则是"若要富，蛇盘兔"。有寓意男女青年互相追求的"鸳鸯探莲""鸳鸯戏水"，有寓意美满姻缘的"凤凰戏牡丹"，"鹿鹤同春"寓意福寿齐来。"下山虎""雄狮"均为辟邪除恶。还有风趣幽默的"猴抽烟""猴抬轿""猴打秋千""猴吃桃"等。

传统题材以人物为主的有戏曲人物"李彦贵卖水""苏武牧羊"等。民间故事有"八尊神仙""刘海撒金钱""张果老骑毛驴"。靖边民谣有：

> 张果老，骑毛驴，过金桥，四架岷山驴后捎。问你桥牢不牢？千人万马走多少？你骑小驴过不了，往桥上一走桥便沉，烂开了！鲁班爷搭住桥，张果老倒骑着毛驴过了桥。

传统题材中还有表现风俗民情的"喂鸡""回娘家""纺线线""拉骆驼"等，"鸡鹐娃娃"剪的是大公鸡，很调皮，把娃娃鹐得哇哇哭，生活情趣十分浓郁。

漳浦剪纸以构图丰满匀称、对称平衡、线条连贯简练、连接自然、细腻雅致著称，在表现手法上，以阳剪为主、阴剪为辅，阳剪和阴剪互为补充，密切配合，使整个画面主次分明，错落有致，富有层次感。

在色彩上以单色为主，在对比色中求协调，具有强烈的工艺装饰效果。和林格尔北依阴山、西临黄河；具有深厚而浓郁的历史文化积淀，传统民间艺术多姿多彩，且具有鲜明的民族风格和本土特色，而民间剪纸艺术便是最鲜明的代表。

和林格尔民间剪纸内容十分丰富，总体上反映了劳动人民对美好生活的追求和理想情感的抒发。他们在剪纸艺术中大量塑造了对自己生活有重要作用且感情深厚的马、牛、羊、骆驼、猪、鸡、鹅、兔。

■ 剪纸凤凰

有祈盼风调雨顺的连年有鱼、鹿鹤同春；有象征吉祥的云纹哈木尔；象征团结和长寿的盘肠纹、有寓意四季如意，生命轮回的万字图门贺，还有表达男女爱情和自由的金鱼、喜上梅梢、双鸟等；有对人类生命繁衍赞美的石榴、葡萄、蛇、龙凤、鹰抓兔等；还有佑护家人平安的狮子、老虎、公鸡等。

有些内容则是反映了人们自由自在的农耕和放牧场景，如《牧羊图》《蒙人进城》等，生动真切，泥土气息浓厚。还有些剪纸的表现则很可能韫有原始民族图腾、远古神话变异的神秘莫测的含义，如《蛟龙食鱼》《人骑龙》《鸡蟾御蛇》等。

另外，有些内容也是人们喜闻乐见的民间故事和传说，如《牛郎织女》《李祥哭瓜》《刘海戏蟾》《走西口》等。

此外，还出现了不少反映现实生活，并具有强烈时代特色的新剪纸，大都是生活富裕了的人们对美好现实生活的赞美，如《草丰畜壮》《逛北京》《草原雄鹰》《甜梦》等作品。

他们用最为纯朴、真挚的情感来抒发自己的审美理想，或质朴、或深沉、或粗犷、或浪漫，展示了他们极为丰富的内心世界和积极的人生态度。

阅读链接

王老赏是河北省蔚县南张庄村人，生于1890年，是我国著名的民间艺术师，也是蔚县剪纸艺术开宗立派的人物。

王老赏从七八岁开始学习点染窗花，十二三岁学习刀刻窗花，十七八岁时正式拜本村剪纸艺人周瑶为师学剪窗花。由于心灵手勤、虚心善思，王老赏很快成为各项技艺全面发展的顶尖高手，并刻苦探索改革当时被老乡称为"口袋戏""五大色"的窗花技艺。蔚县城的商家字号用窗花当礼品送人时，都抢着买王老赏的窗花，日子久了就流传下"王老赏的货——不愁卖"的歇后语。

风筝之乡——潍坊

风筝，古时称"鹞"，北方谓"鸢",是一种传统的民间工艺品。中国的风筝和火箭是世界上最早的飞行器，其中风筝被誉为"中国的第五大发明"。

风筝源于春秋时代，相传有"墨子为木鹞，三年而成，飞一日而败"。后来，墨翟把制造木鹞的方法传给他的学生公输班，公输班又

■清明时节放风筝

■潍坊蝴蝶风筝

郑板桥（1693—1765），清代画家、文学家。名燮，字克柔，汉族，江苏兴化人。康熙秀才、雍正举人、乾隆元年进士。一生主要客居扬州，以卖画为生。"扬州八怪"之一。其诗、书、画均旷世独立，世称"三绝"，擅画兰、竹、石、松、菊等植物。著有《板桥全集》。

加以改进，用竹为材料制成"竹鹊"，能在空中飞3日之久。

我国具有悠久的历史传统文化与风筝工艺相融合，将神话故事、花鸟瑞兽、吉祥寓意等表现在风筝上，像"福寿双全""龙凤呈祥""百蝶闹春""鲤鱼跳龙门""麻姑献寿"等，都是具有很深象征寓意的造型。

风筝从古代发明以后，种类日益增多，花样不断翻新，形成一套别具特色的彩绘图案纹样，成为我国传统工艺美术的一部分。

传统的中国风筝技艺包括"扎、糊、绘、放"4种技艺。"扎"，即要达到对称，左右吃风面积相当；"糊"，即要保证全体平整，干净利落；"绘"，即要做到远眺清楚，近看真实的效果；"放"，即要依据风力调整提线角度。

依照风筝的地域分布，可以把风筝分为五大流派：北京风筝、潍坊风筝、天津风筝、南通风筝、江南风筝。其中，山东的潍坊、广东的阳江被誉为"中国风筝之乡"。

潍坊位于山东半岛中部，北濒渤海湾，南临黄海，春天风多雨少，且风向单一，瞬时波动小，风力基本呈正态分布。正是这样特殊的地理环境孕育产生了潍坊风筝，其生产制作集中在寒亭区杨家埠一带和奎文区、潍城区。

潍坊风筝已有2000多年的历史，但真正开始兴盛却是在明初的杨家埠村。那时，村民已有木版年画的刻印技术，利用每年春天的空余时间，用印年画的纸张、颜料，绘制出各种图案，扎制风筝。

明代潍坊风筝以板子风筝为主，后逐步形成了以硬翅风筝为主，以长串蜈蚣为最，最长可达360多米，软翅风筝为巧、筒子风筝为奇的造型系列，内容有人物故事、鸟兽、鱼虫等。

到清代中期，潍坊开始出现专门从事风筝制作的民间艺人。据《潍县志稿》载：

> 本邑每逢寒食，东门外，沙滩上……板桥横亘，河水初泮，桃李葩吐，杨柳烟含，凌空纸鸢，高入云端……清明，小儿女作纸鸢、秋千之戏，纸鸢其制不一，于鹤、燕、蝶、蝉各类外，兼作种种人物，无不惟妙惟肖，奇巧百出。

曾做过7年潍县县令的大诗人兼书画家郑板桥曾写过这样的诗来怀念潍县：

> 纸花如雪满天飞，娇女秋千打四围。
> 五色罗裙风摆动，好将蝴蝶斗春归。

木版年画 是我国历史非常悠久的汉族传统民间艺术形式，有1000多年的历史。到了清代中晚期，民间年画达到了鼎盛阶段。其中著名的产地有天津杨柳青、河北武强、山东潍坊、苏州桃花坞、河南朱仙镇、四川绵竹等地。

031

大放异彩

工艺之乡

■年画风筝

潍坊风筝的题材丰富、广博，选用材料奇特，设计夸张变形，画工为国画技法和年画风格，放飞有力学根据，构成了潍坊风筝的乡土气息和独特神韵，从而蜚声于古今中外。

潍坊风筝在漫长的发展过程中，形成了鲜明的艺术特色。潍坊风筝的题材和内容带有浓厚的民俗特色。飞禽走兽、花鸟虫鱼、民间故事、神话传说等都被移植到风筝的绘制上，或扎骨架，填绘内容；或依据内容改制骨架，如此反复制成，不断改进，日臻完善，使内容和形式达到了完美统一。

潍坊风筝的造型，不重自然形似，而求以形写神，讲究图案美，立体感强，譬如大鹰的扎制除了脊背以外，其他地方都是立体的，特别是它的头部最为形象。民间艺人在设计鹰风筝时，不仅考虑到放飞时的空中效果，还考虑到挂在室内作为观赏艺术品时的立体效果。如凤凰、仙鹤、螳螂、蝴蝶等都是用这种工艺扎制的，形象十分逼真。

潍坊风筝的色彩，有着较为突出的地方性，由于历史的原因形成了两类。一类是色彩淡雅的文人画风格，这是自近代以来形成的一个风筝绘画流派。它在绘制上独具特色，观赏价值极高。一类是色彩艳丽的民间传统绘画风格，龙头蜈

凤凰 是我国古代传说中的百鸟之王，与龙同为汉族民族图腾。凤凰与麒麟一样是雌雄统称，雄为凤，雌为凰，总称为凤凰，常用来象征祥瑞。亦称丹鸟、火鸟、鹍鸡、威凤等。凤凰的起源约在新石器时代，原始社会彩陶上的很多鸟纹是凤凰的雏形。

■ 潍坊风筝

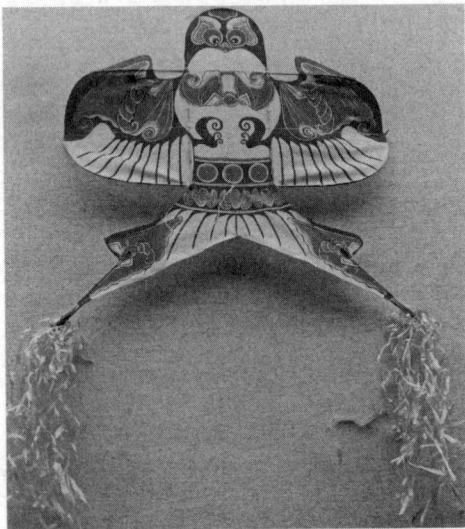

蚣风筝为其代表作。

潍坊风筝的色彩和绘画技法主要受杨家埠木版年画的影响，构图布局重大色块浓抹，产生了热烈明快的艺术氛围，这种独特的绘画，放飞于空中，形象格外逼真，具有特殊的空间观赏效果。

阳江风筝是江南风筝的一个分支，可与山东的潍坊风筝匹敌，南北遥相呼应，成为我国南北风筝实力最为强大、最有可比性的两个流派。所以在国内风筝领域，常会听到"南有阳江，北有潍坊"这一句话。

■ 潍坊"福禄寿"风筝

阳江风筝已有1400余年的历史。阳江背山面海，旷野辽阔，到处都是天然的放飞场。每逢重阳节，秋高气爽，正是"放鹞"的最佳时节，放风筝便成了阳江民间最兴盛的赛事。

阳江风筝制作技艺高超，其风筝最显著特点是纯手工制作，技艺古朴精湛，以造型美观、形神兼备、色彩鲜艳、放飞容易、平稳高远而深受喜爱。

另外，阳江风筝种类繁多，品种齐全、内容丰富、造型千姿百态，题材以花、鸟、虫、鱼、兽等动物以及神话、故事、戏曲、小品中的人物形象为主，绘画风格以写意中国画为主，体现了中华传统文化之精髓。

阳江风筝最具代表性的作品有灵芝、百足、崖鹰等。如"灵芝"风筝，它以其独特的制作方法和设

戏曲 是我国汉族特有的民族艺术，传统文化中的瑰宝。历史上也称戏剧。我国戏曲是包含文学、音乐、舞蹈、美术、武术、杂技以及表演艺术各种因素综合而成的一门传统艺术。京剧、豫剧、越剧被誉为我国戏曲三鼎甲。

潍坊双鱼风筝

计，以及有声有势的放飞效果，成为真正意义上名副其实的"风筝"。这种风筝呈椭圆形，顶上是一片白云，下面是一只活蹦活现的小鹿，口含一灵芝草在不停跑动。风筝的顶端，用一根很薄的藤片涂上油，接在弓架上张开，在空中迎风"嗡嗡"作响，方圆数千米都能听到它的鸣叫声。

又如"百足"风筝，又称龙风筝，因其制作工艺独特，放飞效果栩栩如生、活灵活现，还能做特技表演，被誉为"阳江活龙"，而其他地方则称"定龙"，此作品在全国也是别具一格的。

特色之乡

文化之乡与文化内涵

阅读链接

南通板鹞风筝在南方风筝中也是很有特色的。南通板鹞风筝又称"哨口板鹞"，源于北宋年间。

板鹞风筝融扎裱造型、配色绘画、音律设计、"哨口"雕刻为一体，其形状有正方形、长方形、六角形和八角形，以六角板鹞为多，也有由多个这样的几何图形组合而成的"七联星""九联星""十九联星"等。大者丈余，小者盈尺。装饰图案多为工笔重彩，内容有"八仙""凤戏牡丹""三国故事"等，喜用红、黑、青、紫色，以造成强烈的色彩对比。

文化之乡

在我国传统文化中，安徽歙县的徽墨和歙县的歙砚、安徽泾县的宣纸、浙江善琏的湖笔、苏州桃花坞的年画、安徽萧县的书画和河南南阳的曲艺，精彩绝伦，闻名遐迩，所在地被誉为"中国民间文化艺术之乡"。

我国自古以农业立国，这些文化之乡的产生，源自农业劳作，具有鲜明的农耕文明内涵。"文化之乡"反映了该地区人们独具特色的风土人情、传统习俗、行为规范、思维方式、价值观念等，是那里的人们普遍认可的意识形态和生活方式。

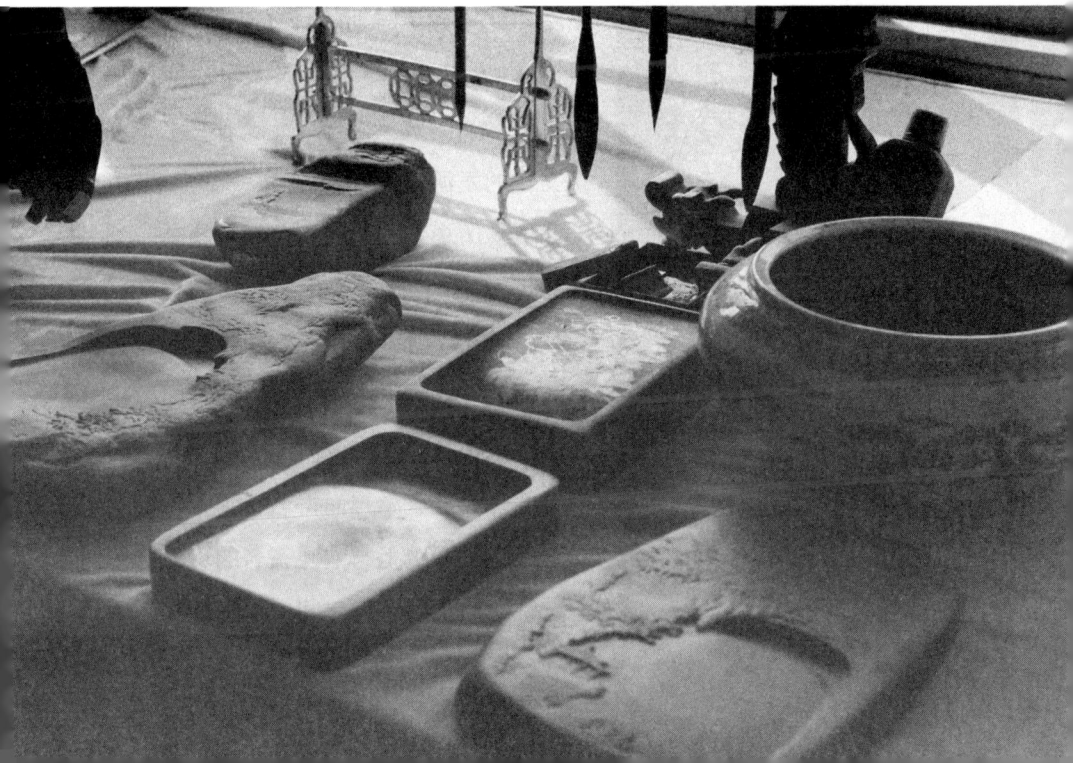

歙砚徽墨之乡——歙县

徽墨百佛图

歙县，位于安徽省南部，北倚黄山，东邻杭州，南接千岛湖。歙县古称新安，始置于秦。北宋徽宗时期的1121年，赐名徽州。自隋末以来，歙县均为郡、州、府治所在地，为徽州的政治、经济、文化中心，是徽州文化的发源地。

歙县历史悠久，人文荟萃，文化昌盛，素有"东南邹鲁""文化之邦"的美誉。歙县物产丰富，其中最有名的当属歙砚、徽墨，被授予"中国徽墨之都""中国歙砚之乡"等荣誉称号。

歙砚因产于歙州而得名，为我国四大名砚之一，是砚史上与端砚齐名的珍品。

歙砚始于唐开元年间。据五代陶谷《情

异录》记载，唐玄宗赐给宰相张文蔚等人的"龙鳞月砚"，就是歙州产的一种较为名贵的金星砚。

由于歙砚石色青莹，纹理缜密，坚润如玉，磨墨无声，深得南唐元宗李璟的喜爱，故在歙州设置了砚务，并把砚工高手李少微招为砚务官，专理制砚事宜。南唐后主李煜称澄心堂纸、龙尾枣心砚为天下之冠，使歙砚声名远播。

■徽墨

五代末期，江南地方战乱，砚坑淹没，制砚业日趋衰落。宋代，歙砚获得很大发展，歙石开采规模扩大，歙砚精品不断涌现，名色之多、雕镂之工，为诸砚之冠。

1953年歙县宋代窖藏出土17块歙砚，石质与造型各异，制作巧妙，展现了歙石精美绝伦的面貌。据砚谱记载，宋时歙石名目有眉子纹7种，外山罗纹13种，水玄金文厥状10种，各种纹色灿然烂漫。诚如宋代书法家蔡君谟所赞：

玉质纯苍理致精，锋芒都尽墨无声。
相如闻道还持去，肯要秦人十五城。

诗中将歙砚与卞和玉相媲美，认为歙石价值连城。元代以后，歙石开采时断时续，但成砚依然大量

黄山 原名黟山，因峰岩青黑，遥望苍黛而名。后因传说轩辕黄帝曾在此炼丹，故改名为"黄山"。明朝旅行家徐霞客登临黄山时，曾对黄山的秀丽这样赞叹："薄海内外之名山，无如徽之黄山。"后被当地人引申为"五岳归来不看山，黄山归来不看岳"。

涌现，成为明清宫廷和士绅之家赏鉴流连的珍品。

歙砚的制作以雕刻艺术为中心，由选石、构思、定型、图案设计、雕刻、打磨、配制砚盒等多道工序构成，按石材纹理分为罗纹、眉纹、金星、金晕、鱼子5大类100多个品种。

砚雕分徽、粤、苏三大流派，而歙砚所属的徽派素以精细见长，所雕瓜果、鱼龙、殿阁、人物，无不神态入微。歙砚的雕琢，有浓厚的地方风格。一般以浮雕浅刻为主，不采用立体的镂空雕，但由于受到砖雕的影响，之间也会出现深刀雕刻。

歙砚利用深刀所琢的殿阁、人物等，手法比较细腻，层次较为分明，而砚池的开挖也能做到相互呼应，因而显得十分协调。宋代米芾之砚史里说，"歙石以罗纹无星者为上"，而清代唐秉钧之古砚考却说"以金星为贵"，以金星砚磨墨作书画，不易被虫蛀、发霉。

徽墨诞生在唐代末年，鼻祖是河北易水名墨工奚超父子。"安史之乱"以后，奚超携全家离开家乡，流落到皖南山区的歙县。这里群山环抱，古柏参天，到处是制墨的上乘原料，于是奚氏全家就在黄山祥符寺附近安居下来，重操旧业。

■ 精美的徽墨

■徽墨砚

他们广取黄山之松炼烟，尽汲练江水和墨，并改进了捣松、和胶、配料等技术，终于制成了上等的佳墨，深受南唐后主李煜的赏识，赐国姓"李"于奚氏全家，封奚超为"水部员外郎"，其子廷珪为"墨务官"。

从此，李廷珪成为徽墨的创始人、一代宗师。歙县制墨业由此名噪全国，李墨也成为"黄金易得，李墨难求"之天下之宝了。

李廷珪所制的墨，"其坚如玉，其纹如犀"。据记载，北宋书法家、文字学家徐铉，幼时曾得一锭李墨，与其弟徐锴共同研磨习字，"日写五千"，也整整用了10年。据《遁斋闲览》记载：

> 祥符中，治昭应官，用廷珪墨为染饰，有贵族尝误遗一丸于池中。逾年临池饮，又坠一金器，乃令善水者取之，并得

徐铉（916—991），五代宋初文学家、书法家。字鼎臣，广陵人。历官五代吴校书郎、南唐知制诰、翰林学士、吏部尚书，后随李煜归宋，官至散骑常侍，世称徐骑省。曾受诏与句中正等校定《说文解字》。工于书，好李斯小篆。与弟徐锴有文名，号称"二徐"；又与韩熙载齐名，江东谓之"韩徐"。

墨，光色不变，表里如新。

李墨除了配料精良，在制作时是尤重捶打砸实，故其墨耐磨耐用，能裁纸。可见，李墨之质地确实有异于常墨。

到了宋代，全国各地书院林立，科举考试制度进一步得到完善，印刷术突飞猛进，出现了一个文化高潮。尤其是宋室南渡后，徽州制墨业发展迅速。当时徽州地区，制墨业已步入"家传户习"的繁荣普及阶段，仅官府每年就要向朝廷进贡"大龙凤墨千斤"，而要满足文人墨客、莘莘学子的用墨则要逾万。

北宋宣和年间的1121年，改歙州为徽州时，"徽墨"之名便正式诞生，后来迅速风靡南宋都城临安，"徽墨"遂成了墨的代名词，代代相传，延续至今。

宋代徽州的制墨业"流派纷呈，名工辈出"。黟县的张遇、歙州的潘谷、新安的吴滋等，都是当时徽州制墨业的著名人物。

元代制墨业远不如宋代，徽墨业也处于一个低

科举 是中国古代读书人参加人才选拔考试的制度。它是历代封建王朝通过考试选拔官吏的一种制度。由于采用分科取士的办法，所以叫作科举。科举制从隋代开始实行，到1905年举行最后一科进士考试为止，经历了1000多年。1905年9月2日，清政府废除科举制度。

谷。元代墨工中，比较著名的有朱万初、陶得和、潘云谷等人。明代徽墨业恢复发展。

明代以南京为陪都，徽州属"京畿"，经济、文化教育得以发展，尤其是科举考试走向鼎盛后，使徽墨业的生产不仅得以恢复，而且得到迅速的发展。

据明末麻三衡的《墨志》记载，明代徽州墨工就有120多位名家，产品除供应国内，还远销日本、东南亚。

明代徽墨的配方及制作工艺，大多已定制并公开。松烟、油烟并举；"桐油烟""漆烟"被广泛采用；徽墨普遍加入麝香、冰片、金箔等十几种贵重原料，使墨的质地达到一个新的水平。

在明代的徽墨大家中，当数歙县的程大约，世称"墨妖"。他既讲究墨的配方，又注重墨印的雕刻以及墨品的设计、装潢，并有《程氏墨苑》行世。其弟程君芳也制墨，是明万历间的高手。其墨印大多出自徽派著名刻工黄璘、黄应泰之手，因而备受文人墨客的喜爱。

徽墨发展到清代，先后出现了"四大家"，即曹素功、汪近圣、汪节庵、胡开文，他们都是徽墨业中的一代翘楚。

曹素功，1655年秀才，1667年开始顶承吴叔大的铺子，并将吴的"玄粟斋"改为"艺粟斋"。相传清康熙帝南巡时，曹素功献的佳墨颇得赏识，康熙特赐名"紫玉光"，一时名声大震，紫玉光成了

徽墨石雕

名满天下 文化之乡

曹墨的第一品牌。

汪近圣以制集锦墨著称，"其雕镂之工，装式之巧，无不备美"，更以他的次子汪惟高应诏入清内务府教习制墨而名声大震。

汪节庵，墨肆名"函璞斋"，设在岩寺。清乾隆中期崭露头角，为清乾隆、嘉庆年间徽州制墨业的名家。

汪节庵墨品常被一些高官大吏选作贡品，有"江南大吏，多献方物。入选之墨，必用汪氏"之说。其名墨有"兰陵氏书画墨""新安大好山水""青麟髓"等。

胡开文，字柱臣，号在丰，著名徽商，徽墨行家，"胡开文"墨业创始人，清代乾隆时制墨名手。

胡开文先于休宁、屯溪两处开设"胡开文墨店"，后来迅猛发展，又先后在歙县、扬州、杭州、上海、汉口、长沙、九江、安庆、南京等地，或设分店，或开新店，其经营范围几覆盖大江南北，至此徽州制墨业呈胡开文一枝独秀之势。后代均沿用此老字号。

胡开文不仅是徽墨业中集大成的一家，同时又是把徽墨推向世界的第一家。

阅读链接

明代正德、嘉靖年间，徽墨便形成了歙、休、婺三大派。歙派产品端庄儒雅，烟细胶清，重香料、重包装。其代表人物为罗小华、程君房等。休派的产品则雅俗共赏，墨品华丽精致，多套墨、丛墨，墨面重彩饰，深受文人墨客的喜爱。其代表人物为汪中山、邵格之等。婺派所制墨品价格低廉，深受百姓与学子的欢迎。其代表人物主要为詹姓墨工，其中有詹华山、詹文生等。

三大派在明代正德、嘉靖年间，各以自己优势，分摊了墨业市场份额，各得其所，共同发展并垄断了全国的墨业市场。

宣纸之乡——泾县

泾县位于安徽省东南，自古素有"汉家旧县，江左名邦""山川清淑，秀甲江南"之誉，古志称"当吴越之交会，为歙池之襟喉"。据《后汉书·明帝纪》："有泾水，出芜湖，因水立名。"泾县，有

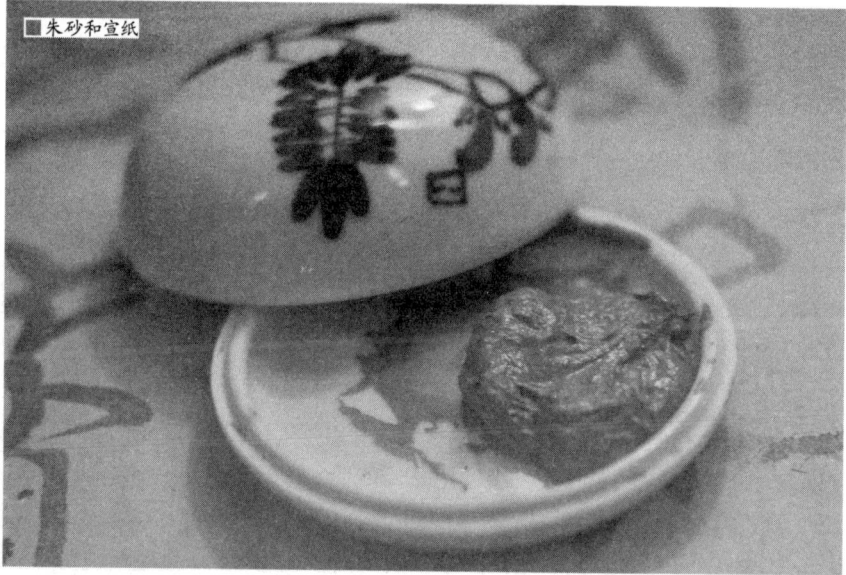

■朱砂和宣纸

"中国宣纸之乡"和"宣纸发源地"的美誉。

泾县宣纸的闻名始于唐代,对宣纸的记载最早见于《历代名画记》《新唐书》等。唐书画评论家张彦远所著之《历代名画记》云:

> 好事家宜置宣纸百幅,用法蜡之,以备摹写。

这说明唐代已把宣纸用于书画了。另据《旧唐书》记载,唐代天宝年间,江西、四川、皖南、浙东都产纸进贡,而宣城郡纸尤为精美。可见,宣纸在当时已冠于各地。

南唐后主李煜曾亲自监制"澄心堂"纸,为宣纸中的珍品,它"肤如卵膜,坚洁如玉,细薄光润,冠于一时"。

到了宋代,徽州、池州、宣州等地的造纸业逐渐

《新唐书》 宋代欧阳修、宋祁等撰。共225卷。经传体唐代史。本书在史料上对《旧唐书》有所补充,首创《兵》《仪卫》《选举》三志,并增各表。文辞求简,但有史实不清之处。

■古代宣纸

转移集中于泾县。当时这些地区均属宣州府管辖，所以这里生产的纸被称为"宣纸"，也有人称泾县纸。

关于泾县宣纸的起源，还有一个传说故事。相传，东汉造纸家蔡伦去世后，他的弟子孔丹在皖南以造纸为业，很想造出一种世上最好的纸，为师傅画像修谱，以表怀念之情。

有一天，孔丹经过一峡谷溪边，看见一棵古老的青檀树倒在溪边。由于终年日晒水洗，树皮已腐烂变白，露出一缕缕修长洁净的纤维。

■ 制作宣纸的工人

孔丹欣喜若狂，将树皮取出来造纸，经过反复试验，终于造出一种质地绝妙的纸出来，这便是后来有名的宣纸。宣纸中有一种名叫"四尺丹"的，就是为了纪念孔丹，一直流传至今。

在宋代，由于文化传播媒介的发展，宣纸需求大增，宣州各地所产宣纸供不应求。宋末元初，有曹姓人迁徙至泾县西乡小岭一带以制造宣纸为生。此史实见于清乾隆年间重修的《小岭曹氏族谱》序言：

> 宋末争攘之际，烽烟四起，避乱忙忙。曹氏钟公八世孙曹大三，由虬川迁泾，来到小岭，分徙十三宅，见此系山陬，田地

《旧唐书》 五代后晋时官修，是现存最早的系统记录唐代历史的一部史籍。本书原称唐书，后来为了区别于北宋欧阳修、宋祁等人编撰的《新唐书》，故称《旧唐书》。全书分本纪、志、列传3部分，共200卷。

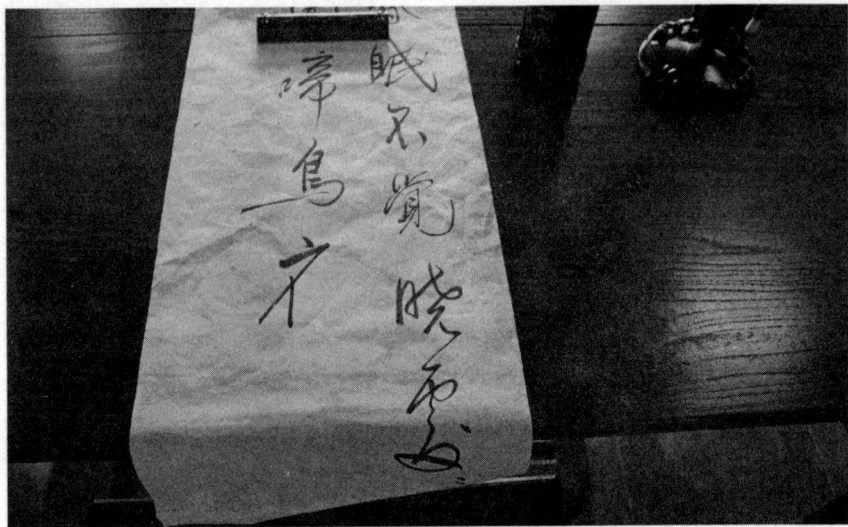

特色之乡

文化之乡与文化内涵

■ 用于书法的宣纸

泼墨法 唐代王洽
创制，《唐代名
画录》《历代名画
记》都有记载。
王洽喜豪饮，醉
后解衣磅礴，激
清迸发，用墨泼
在绢上，然后根
据墨迹的形态，
画成山石林泉，
云雨迷茫，浑然
一体，时人称他
为"王泼墨"。
后世所谓泼墨
法，是指落笔大
胆、点画淋漓、
水墨浑融、气
势磅礴的写意
画法。

稀少，无可耕种，因贻蔡伦术为业，以为生计。

自此，泾县小岭曹氏一族，逐渐发展成宣纸工业中的佼佼者，并且曾一度垄断了宣纸的生产经营。

元代建立后，南北统一，经济文化有所发展，尤其是以倪元林、王蒙、吴镇、黄子文等山水画派冲破传统宫廷画法的桎梏，提倡山水写意和泼墨豪放的技法，宣纸为此画法提供了广阔发挥和想象的空间。宣纸作为画家们发挥的基本工具而被重视起来，大大地刺激了宣纸业的发展，加上宣纸制造工艺的日趋成熟，使宣纸生产有了长足的进步。

清代泾县宣纸生产发展迅速，县东漕溪有汪六吉等大户，生产颇具规模；县西小岭曹氏世家，生产日益繁荣。大约在18世纪后期，泾县宣纸在国际展览中获奖并传入欧美各国，深引人们注目，曾一度成为联系各民族友谊的文化纽带。

宣纸具有"韧而能润、光而不滑、洁白稠密、纹理纯净、搓折无损、润墨性强"等特点，并有独特的渗透、润滑性能。写字则骨神兼备，作画则神采飞扬，成为最能体现我国艺术风格的书画纸。

宣纸耐老化、不变色。少虫蛀，寿命长，故有"纸中之王、千年寿纸"的誉称。按纸面洇墨程度，分为生宣、半熟宣、熟宣3种。

生宣吸水性和沁水性都强，易产生丰富的墨韵变化，以之行泼墨法、积墨法，能收水晕墨、达到水走墨留的效果。写意山水多用它。

生宣作画追求的便是这种"多变"的墨趣，落笔即定，水墨渗沁迅速，非熟练者不易掌握，也正是这种神奇的多变性，吸引了自古至今无数的名人巨匠在追求墨韵、变化的方面付诸了不懈的探索，至今未间断。

熟宣是加工时用明矾等涂过，故纸质较生宣为硬，吸水能力弱，因此使用时墨和色不会洇散开来。因此特性，使得熟宣宜于绘工笔画而非水墨写意画。其缺点是久藏会出现"漏矾"或脆裂。

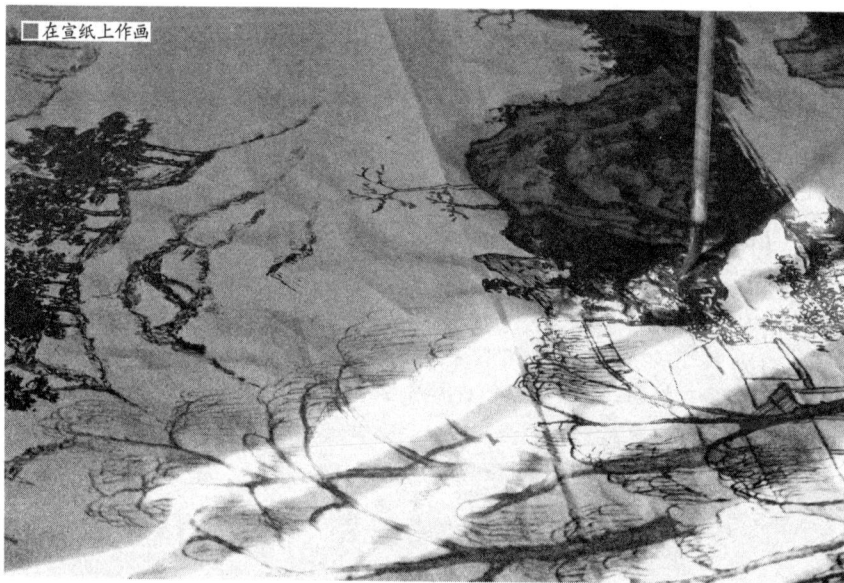
■在宣纸上作画

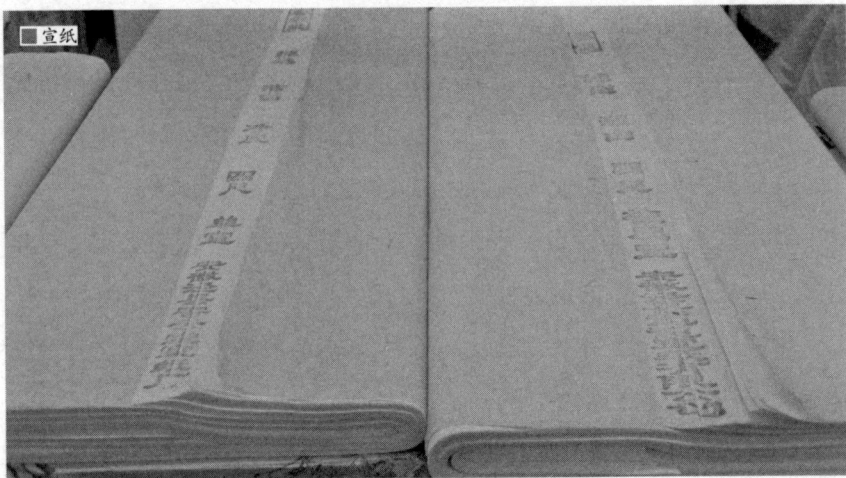
■宣纸

　　熟宣可再加工，珊瑚、云母笺、冷金、洒金、蜡生金花罗纹、桃红虎皮等皆为由熟宣再加工的花色纸。

　　半熟宣是从生宣加工而成，吸水能力界乎生宣与熟宣之间，"玉版宣"即属此一类。

　　此外，宣纸还可按原料分类，分为棉料、净皮、特净3大类。一般来说，原材料檀皮成分越重，纸张更能经受拉力，质量也越好。使用效果上就是，檀皮比例越高的纸，更能体现丰富的墨迹层次和更好的润墨效果，越能经受笔力反复搓揉而纸面不会破。

阅读链接

　　宣纸的选料和其原产地泾县的地理环境有十分密切的关系。因青檀树是当地主要的树种之一，故青檀树皮便成了宣纸的主要原料。

　　初期所用原料并无稻草，后在皮料加工过程中，以稻草填衬堆脚，发现其亦能成为洁白的纸浆，以后稻草亦成了宣纸的主要原料之一。宋、元之后，原料中又添加了楮、桑、竹、麻，以后扩大到10余种。经过浸泡、灰掩、蒸煮、漂白、制浆、水捞、加胶、贴洪等18道工序，历经一年方可制成。

湖笔之乡——善琏

善琏古镇，地处浙北乌镇、南浔、新市三大水乡古镇的交界处，素有"湖笔之乡"之盛誉。"文房四宝"，笔居首位。我国的毛笔是举世无双的书写工具。湖笔，因"毛颖之技甲天下""紫毫之价如金贵"，而被誉为"笔中之冠"。

善琏湖笔的历史相当久远，据说最早可以追溯到2000多年前的秦代，传说中秦代的大将军蒙恬是我国制笔业的始祖。

相传，秦初年间，善琏还是一个小村落，村里有远近闻名的永欣寺，寺中住持和尚法名善真。一天，匆匆进来了一位中年汉子，此人身材高大，眉宇间透出一股英武的气概。他向善真作

作画用的宣纸和毛笔

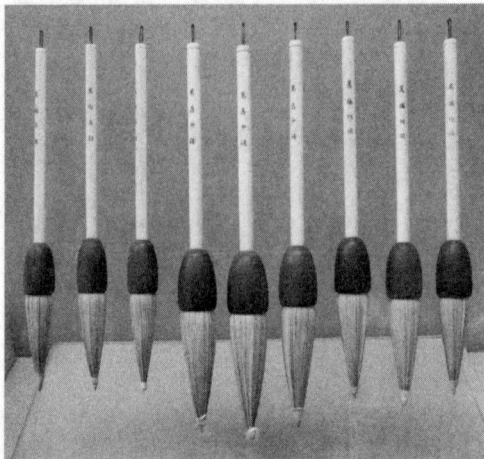
■善琏湖笔

特色之乡

文化之乡与文化内涵

蒙恬（？—前210），祖籍齐国人，秦代著名将领。秦统一六国后，蒙恬率30万大军收复河南地，修筑西起陇西的临洮、东至辽东的万里长城，征战北疆十多年。他是我国西北最早的开发者，也是古代开发宁夏第一人。

揖道："法师，我能否在庙中住宿几天？"

法师见此人生得气宇不凡，回答说："壮士想借宿庙中，哪有不肯之理。"

那人连连拜谢，一声长叹后说："我叫蒙恬，原在朝中率军，皇上命我到江南收买古玩。我从京都出发，沿途看到许多地方遭受灾害，因此将皇上给我收买古玩的银两分给受灾百姓，现银两都已分光，古玩一件没有买到，无法再回咸阳去见秦始皇，因此只得来此投宿几天再作计较。"就这样，蒙恬改换姓名住在永欣寺中。

有一天，蒙恬来到村西。突然，看见河埠一位姑娘因洗衣掉入河中，他立即跳下水去将姑娘救起。姑娘本是村西一个姓卜的漆匠的独生女儿，叫卜香莲。

香莲父母见女儿落水被救，对蒙恬感激不尽。为了报答蒙恬的救命之恩，卜家时常做些酒菜送给蒙恬，蒙恬总是婉言谢绝。

香莲心灵手巧，经常来寺中将蒙恬的衣服取回家中浆洗缝补，就这样，二人渐生爱慕之情。

一次，蒙恬去卜香莲家取衣，路上看见一撮山羊毛在一根树枝上随风飘起，便顺手折下，心想：我在朝中查阅兵书，记载军情，没有称心如意的笔，何不将山羊毛用来制笔，平时亦可写诗作文。

蒙恬来到香莲家，向香莲要了一根丝线，把山羊毛扎在枝条上，用手将羊毛捋齐，用水蘸调了些锅灰，在白帛上写了几个字。感到比用刀刻轻松，但写起来力不从心，羊毛上沾有油质，很难落墨。

蒙恬写后顺手将它搁在窗台上，不料由于用力过大，此笔却滚落到窗外去了。香莲忙赶出去拾，笔已落在石灰缸内。

香莲拾起后，见山羊毛卷在一起，上面沾满了石灰水，她赶紧放到清水内，将石灰水漂洗干净，又拔下发髻上的铜簪将毛理顺弄直，拿进屋内蘸了些锅灰水来写，不想既流畅又顺手。蒙恬这才悟出了羊毛经过石灰水浸过能洗去油质的道理。

湖州盛产毛竹和山羊，蒙恬和卜香莲将笔杆的原料改成竹竿，笔毛从山兔毛扩大到山羊毛，等等，还将毛笔头纳入竹管中。

经过他俩冬去春来的反复实践，总结了一整套选料和制作技艺。蒙恬早有为民造福的夙愿，便和香莲一起将制笔技艺传授给村民。

从此以后，当地笔业越来越兴旺，做出来的笔不仅尖、齐、圆、健，而且锋颖清澈，珠圆玉润，书写刚柔相济，应手从心。人们将环绕小镇的河改为"蒙溪"，还以"蒙笔生花""恬文抒怀""蒙氏羊毫""香水""香块"命为笔名，后一直沿用。

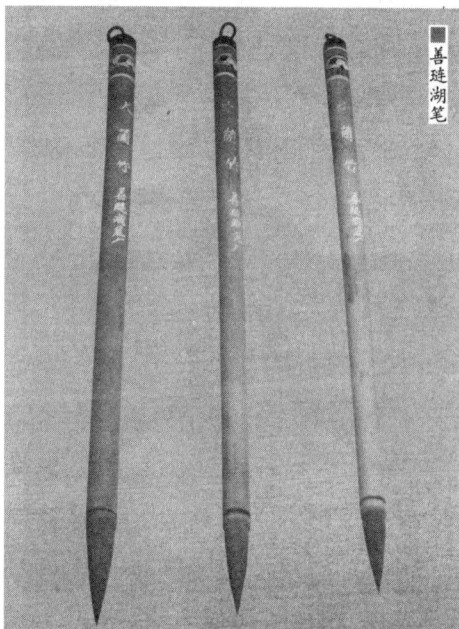

■善琏湖笔

汉、晋、隋、唐、宋各代，湖笔业已较发达。至元代，以长锋羊毫为特色的湖笔成为我国制造笔业的魁首。明代的《湖州府志》曾有这样的

紫毫 笔锋用深紫色的细而硬的兔毛做成,比羊毫硬。亦名"紫毫笔""紫霜毫"。有紫和花白之分。纯用紫毫,软而圆健,若兼花白,则坚强劲利。唐代白居易《长庆集·紫毫笔》诗曰:"紫毫笔,尖如锥兮利如刀;江南石上有老兔,吃竹饮泉生紫毫,宣城工人采为笔,千万毛中择一毫。"

记载:

> 湖州出名笔,工遍海内,制笔者皆湖人,其地名善琏村。

明清时期,湖州是全国的制笔中心,一代一代的制笔高手,不仅将湖笔的制作工艺水平提到了一个前所未有的高度,同时也把整个江南的文化层次,提高到了一个前所未有的高度。据嘉湖方志记载,在清初时期,善琏的住户已达千户至数千户之多,商贾云集、店铺林立,十分繁荣。

湖笔又称"湖颖","颖"是指笔头一段整齐透明的锋颖。湖笔分羊毫、紫毫、狼毫、兼毫4类,共280多个品种。制作工艺精细而复杂,从选料到成品,要经过120多道工序,大体上分为水盆工和旱作工两部分。

做水盆工、笔工们各守在一个水盆旁,把千万根毛放入水中,精练细理,再按笔头锋颖长短加以分类,这便是"齐毫",之后从中剔除断头的、无锋的、曲而不直的、扁而不圆的杂毛,然后再按毛的软硬性能进行笔头"造型",做成半成品;旱作工要经过扎头、

■ 善琏湖笔

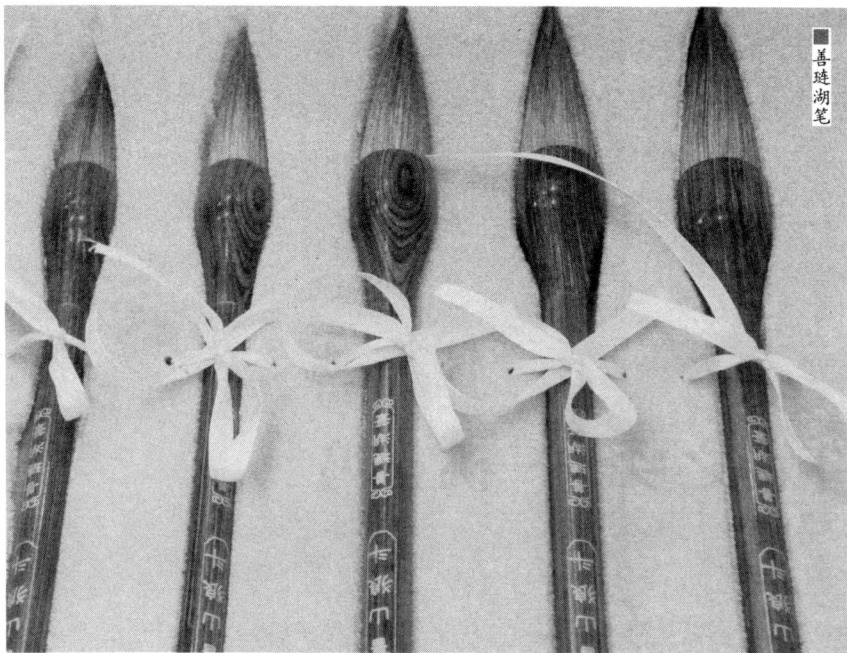

装笔、择笔、刻字等工序，最后制成成品。

其择笔是难度较大的一项工艺，笔工左手握笔，右手拿一小刀修削笔头，修去笔头中的劣毛和表层的杂毛，使笔和锋颖圆润，达到湖笔尖、齐、固、健的要求。

阅读链接

历史上对于蒙恬造笔的说法有一些记载。《太平御览》引《博物志》曰："蒙恬造笔。"但出土的文物已证明，毛笔远在蒙恬造笔之前很久就有了。但蒙恬作为毛笔制作工艺的改良者，其功亦不可没。

唐代韩愈《毛颖传》以笔拟人，其中也提到蒙恬伐中山，俘捉毛颖，秦始皇宠之，封毛颖为"管城子"。后世又以"毛颖""管城子"为笔的代称。除此之外，毛笔的别名还有"毛锥子""中书君""龙须友""尖头奴"等。

年画之乡——桃花坞

桃花坞位于苏州阊门内北城下，自古以来，该地除了是苏州城里一个风景秀丽的好地方，还是名动天下的"年画之乡"。

明清时期，随着苏州经济的发展，阊门一带集中了许多手工艺作坊，以年画铺为最多。在此出品的木版年画，使桃花坞名闻天下。

木刻年画是我国特有的一种民间传统艺术。苏州桃花坞木刻年画与天津杨柳青木刻年画，是我国木刻年画的南北两大中心，素有"南桃北杨"之称。

木刻画始见于我国隋唐时佛经的扉页之中，自宋及清，由于戏曲杂剧和绣像小说的勃兴，作为插图的木刻画和雕版技术更见发展。木刻年画作为我国民间文化的载体，贴近人

■桃花坞年画

■年画过新年

民生活，反映百姓的喜怒哀乐，因此，历史悠久，为人民所喜爱，并得于广泛流传。

桃花坞年画源于宋代的雕版印刷工艺，由绣像图演变而来，到明代发展成为民间艺术流派，形成了独特的风格。

明末清初，是苏州桃花坞木版年画的繁盛时期，当时桃花坞的画铺有四五十家，大部分设在枫桥、山塘街、虎丘和阊门内桃花坞至报恩寺塔一带。

当时出产的桃花坞木版年画达百万张以上，除销至江苏各地及浙江、安徽、江西、湖北、山东、河南和东北三省外，还随着商船远销到南洋等地，并曾对日本浮世绘艺术的发展产生过相当大的影响。

桃花坞木版年画盛于清代雍正、乾隆年间，最繁盛时期有张星聚、张文聚、魏宏泰、吕云林、陆福顺、陆嘉顺、墨香斋、张在、泰源、张临、季祥吉等

雕版印刷 是最早在我国出现的印刷形式。现存最早的雕版印刷品是唐懿宗时期的868年印刷的《金刚经》，不过雕版印刷可能在距今2000年以前就已经出现了。雕版印刷在印刷史上有"活化石"之称，扬州是我国雕版印刷术的发源地。

■桃花坞木版年画

门神 旧时农历新年贴于门上的一种画类。门神是道教和民间共同信仰的守卫门户的神灵，旧时人们都将其神像贴于门上，用以辟邪驱鬼，卫家宅，保平安，助功利，降吉祥等，是民间最受人们欢迎的保护神之一。

画铺，稍后出现的王荣兴、陈同盛、陈同兴、吴锦增、吴太元、鸿云阁等画铺在当时也有不小的影响。

鸦片战争以后，帝国主义侵入我国，胶版、铜版和石印等印刷技术有了发展，所谓"月份牌"派的年画倾销城乡，桃花坞年画大受威胁，盛况开始衰落。

清代光绪初年，一些画师转到上海旧校场工作，苏州年画铺仅靠上代传下来的老版片或翻刻上海旧校场画来应市，甚至代销石印洋画，而门神、灶君之类年画却成了主要商品。苏州桃花坞年画当时已濒于人亡艺绝的境地，中华人民共和国成立后得以迅速恢复，迎来了新的春天。

桃花坞木刻品种很多，大致可分为门画、农事画、儿童、美女画、装饰图案画、历史故事画和神州传说画等，其中神仙佛像等宗教类年画，内容有门神、灶神，以及所谓"辟邪人物"。

含有致富获利内容的年画有《一团和气》《娃娃得利》《刘海戏金蟾》《岁朝图》等。有关农事的有《春牛图》《丰收图》《鱼樵耕读》《大庆丰收》等。

山水风景年画有各地风景，如《姑苏万年桥》

《苏州阊门图》等。清雍正后出现的故事戏文年画，范围很广，有单张有连续，如《武松打虎》《花果山》等。风俗画有《玄妙观庙会》《苏州城内外三百六十行图》等。

早期的桃花坞年画风格较为雅致，在处理仕女、什景、花卉等题材时，多采用传统的立轴和册页的构图形成，在画面的经营上，可以看出宋代院体画、明代界画和文人画的影响。

在清代雍正、乾隆年间，还出现了不少模仿西洋铜版雕刻风格的作品，如《苏州万年桥》《陶朱致富图》《西湖十景》《山塘普济桥》《三百六十行》《百子图》《三美人图》等。有的还在画面上题明"法泰西笔法""仿泰西笔法""仿泰西笔意"。

这一类的作品在画面上，多彩用焦点透视，除人物面部外，衣纹、树石、房屋、动物的羽毛等均用明暗来表现，显得夹生。

至乾隆以后，这样的作品已不多见，取而代之的还是以传统技法表现的作品。与早期的作品相比，画面构图简练大方，线条刚劲有力，色彩也开始鲜明起来。如《五子登科》

■桃花坞年画

名满天下

文化之乡

杨柳青年画 我国北方一种民间木板年画，因产于天津杨柳青而得名。其创于明崇祯年间，清雍正、乾隆至光绪初，为最盛时期。后因石印术兴起，逐渐衰落。题材多为戏曲和神话故事以及美女、胖娃娃，寓喜庆、吉祥之意。其构图丰满，笔法匀整，色彩鲜艳。

■ 四大年画之一的江苏桃花坞年画

《庄子传》《珍珠塔》《荡湖船》《拜月图》等，从这些画面上，可以看出早期金陵派刻版风格和新安派刻版风格的影响。

在色彩的运用上，以成块的大红、桃红、黄、绿、紫和淡墨组成基本色调，使画面更为鲜艳明快，丰满热闹，富有装饰美和节奏感。

桃花坞木版年画制作一般分为画稿、刻版、印刷、装裱和开相5道工序，其中刻版工序又分上样、刻版、敲底和修改4部分。

其主要工具为"拳刀"，同时以弯凿、扁凿、韭菜边、针凿、修根凿、扦凿、水钵、铁尺、小棕帚等工具配合使用。套色印刷也有一套程序，主要包括看版、冲色配胶、选纸上料、模版、扦纸、印刷、夹水等步骤。

桃花坞年画是江南水乡的特产，图文并茂，具有连环画故事风格。采用木版套印，长期以来一直运用简单的手工方式从事生产，色彩上有红、黄、绿、黑、蓝5种颜色。

在无数雕版和印刷工人的精心制作下，苏州年画不仅色彩绚丽夺目，而且构图精巧，形象突出，主次分明，富于装饰性，形成一种优美清秀、严密工整的民族艺术的独特风格。

木板年画灶王

此外，天津杨柳青年画、山东潍坊杨家埠年画、四川绵竹年画、河北武强年画、河南开封朱仙镇年画、陕西凤翔木板年画、四川梁平木板年画、福建漳州木版年画、广州佛山年画、山东高密扑灰年画等都极富有特色。

阅读链接

过去，年画除了在画铺和杂货店销售之外，有许多是经由摊贩销售的。而通过说唱来吸引群众，讲叙年画的内容，促进年画的销售，则是卖画人的看家本领。

说唱的曲调和唱词各有祖传，唱腔不尽相同，内容亦不类似，但照例都有这样一段开场白："我格物事难得到，我格物事顶细巧；九个九也勿连牵，个个要卖老白钿。"等买画的群众围上来了，便接着唱出年画的内容。生动有趣的说唱表演，给人们留下了深刻的印象，同时也促进了年画的销售。

书画之乡——萧县

　　萧县位于安徽省最北部，苏、鲁、豫、皖四省交界处。萧县县城，东有龙河，西有岱河，蜿蜒南羡；左有龙山，右有虎山，背靠凤山，三山拱卫，气势雄壮。前人寄寓祥瑞，因山水之势，将县城取名为龙城。

　　萧县古为萧国。春秋时附庸于宋，秦置萧县，属泗水郡，后改泗

墨笔山水国画

青溪
画于
闻资
堂

水郡为沛郡。北宋天宝年间改为承高，隋开皇初年改为龙城、临沛，隋大业年间初复为萧县。唐、宋、元、明均属徐州，清属江苏省徐州府，后由江苏省划归安徽省。

萧县，迄今已有3000多年的历史，是我国著名的"书画艺术之乡"。据史料记载，萧县"城形争南北诸朝，风气兼东西两楚"。这里自秦汉时起就是贯通东西南北经济和文化的交流之地，是汉文化的重要发源地之一，素有"文献之邦"的美誉。

■萧县书法石刻

从四五千年前的良渚文化开始，萧县书画就已孕育雏形。经过考古发掘证明，萧县自战国时期就有书迹绘事。据清朝同治年间《萧县志》记载：出生于萧县绥舆山的南朝宋国开国皇帝刘裕，精通翰墨，其子孙也多以书画名世。在他之后，萧县民间习书作画蔚然成风。

刘裕先为东晋王朝大将军，南征北讨，屡立战功，420年建立宋政权。称帝后，刘裕接受前代的教训，比较注意轻徭薄赋，减轻农民负担，因而缓和了阶级矛盾，促进了生产力的发展。在其执政的30多年里，国内出现了少有的政治安定、经济繁荣的局面。这样，就为一些执政者和文人提供了从事文化艺术创作的物质基础和社会环境。

皇帝 是我国帝制时期最高统治者的称号。在上古"三皇五帝"时期，单称"皇"或"帝"，夏代第二任君主启开始至秦代帝国之前，称为"王"，秦王嬴政统一全国之后，他认为自己能"德兼三皇、功盖五帝"，后创立"皇帝"一词，作为华夏最高执政者的正式称号。

■秋润图

隶书 亦称汉隶，是汉字中常见的一种庄重的字体，书写效果略微宽扁，横画长而直画短，呈长方形状，讲究"蚕头雁尾""一波三折"。隶书起源于秦代，由程邈整理而成，在东汉时期达到顶峰，书法界有"汉隶唐楷"之称。

刘裕虽然天资聪颖，可是经年戎马生涯，使他无暇潜心攻读，乃至名声显赫，仍是只能粗通文字，对于书画艺术更属门外汉。但是，他在即位后，察纳雅言，从善如流，接受了僚属谏劝，深感自己的不足，认识到武功仅可称雄一时，而文采却可光耀百代，因而笃志研习书法。

刘裕特别喜爱写大字，每张纸仅可容六七字。年深日久，勤练不辍，艺业锐进，作书雄健遒丽，气势轩昂，竟摘当时书坛的桂冠。

刘裕的第三子文帝刘义隆，自幼受其熏陶，酷爱书法，善于隶书、行草，师承"二王"。然其所书，间架结构，气势韵味，不让"二王"，时人称其书艺成就和高超造诣为"若大鹏之击空，九天之鹤唳"。

刘裕之孙明帝刘彧，雄才大略，辞采华茂，善于行书，汪洋恣肆，气魄恢宏。他既能上溯师承先贤，博采众家之长，又不拘泥于已有藩篱，独创自家风格，惜乎未能贯彻始终，以致成就受到限制。

由于宋武帝刘裕如此爱好书法，且卓有成就，影响所及，一班文臣武将，缙绅贤达，直至故土的墨客士子，也都竞相效尤，极一时之盛。

刘宋之时，除了书法艺术得以繁荣昌盛之外，绘画艺术也得到了长足的发展。当时，这一地区土生土长的著名画家有戴逵、戴勃、戴颙等人。他们一反晋代士大夫那种生活放荡，漠视现实，脱离群众，自命清高的风习，力主创作态度严肃认真，反映现实。

有谚语曰："宋绘闻天下。"这是对于"宋绘"的崇高评价。"宋绘"，不仅丰富了我国书画艺术的宝库，而其对于萧县书画艺术的推动，也有着不可磨灭的深远影响。

明末，萧县出现了两位著名书画家。一位是王之麟。他自幼颖悟过人，精通经史，风骨佼佼，善鼓琴，工辞赋，书画皆臻上乘，常将供书画用的绢素敷张于住所内外壁上，兴致来时，濡笔挥毫，每有佳作。另一位是许辉祖。他善楷书，深得颜鲁公笔意，深厚凝重，端庄大方。方圆左近的学子，不少受业于他，影响颇大。

清初，在"扬州八怪"崛起的乾隆、嘉庆年间，萧县的画风更是日盛一日，涌现出一批"重传统、重笔墨、重生活"的水墨写意新

国画兰花

人，他们频频相聚于龙城，效法"扬州八怪"，追逐时代新潮，以强烈的个性阔笔写意，以泼辣豪放的笔墨写实。

当时的水墨写意人才济济，出现了吴作樟、吴凤昭、吴凤祥、刘云巢、王为翰等有影响的书画家数十人。他们艺术思想一致，技法意境趋同，融合南疆北国，形成了新的流派，因活动中心在萧县县治龙城，被称为"龙城画派"，在徐淮地区享有盛名。

清代末年，在新文化思潮的影响下，萧县书画创作步入一个新的转折。这时，不仅出现了优秀的书画家群体，使得龙城画派的阵容更加壮大，而且书画作为精神财富，逐渐地由富家豪绅的厅堂和士大夫文人的书斋，过渡到与平民百姓所共享。

萧县书画，它的创造者特别注重植根于深厚的生活基础。重生活，是萧县书画的主要特色。许多作品虽然涉及梅、兰、竹、菊和古典诗词等传统题材，但

■ 国画《关山月》

是更多的是再现丰富多彩的生活，给予人们以美的享受。

利用画面反映农村见闻，如生机勃勃的玉米、丝瓜、辣椒、荷花、葡萄等，千姿百态的花鸟、雏鸡、鹅等。其他如家中苗圃、庭院风光等也都被画成画幅，写成中堂，陶冶了人们的情操，丰富了人们的精神生活，让人们受到启迪、教育和鼓舞。

国画《设色荔枝蝉鸣图轴》

萧县书画，不仅在普及的基础上逐步得到提高，并且获得了"国画之乡"的美誉，蜚声于海内外。

阅读链接

吴作樟，字文洁，号云邻，萧县城西古尚村人。自幼攻习书画，陶冶百家，富有开拓精神。他曾经客居从弟吴作哲的杭州府署，巧遇扬州书画巨擘郑板桥。郑板桥为试其书画才干，故作高傲，激其书兴。吴作樟于醉后作擘窠大字，气派非凡，郑板桥深为叹服。后来，他又在金陵为两庙宇书下"大雄宝殿"和"金陵佛寺"两副匾额，字径蕴尺，庄严肃穆，观者无不叫绝。

清乾隆皇帝巡视江南，路经徐州，遍访当地书法名家。偶见吴作樟所书一笔"虎"和一笔"寿"字，极为赏识，评之为"苍、壮、劲、圆"。

曲艺之乡——南阳

  南阳，位于我国东端的大型盆地"南阳盆地"中，头枕伏牛，足蹬江汉，东依桐柏，西扼秦岭。历史上，南阳是古"丝绸之路"的源头之一，汉代时，南阳是全国最大冶铁中心，东汉时期曾作为陪都。

宛梆《黄鹤楼》剧照

"科圣"张衡、"商圣"范蠡、"智圣"诸葛亮、"谋圣"姜子牙等一些历史名人多是出自或发迹于这里；因此地又是东汉光武帝刘秀发迹之所，故又有"南都""帝乡"之称。

南阳曲艺形式多样，素有"书山曲海""曲艺之乡"之称，大调曲子、三弦书、鼓词、槐书、锣鼓曲、善书、故事植根深远；河南坠子、评书广为流传；另有渔鼓、蛤蟆嗡、莲花落以及相声、山东快书、竹板书等形式。各曲种曲书共计约3000部或篇。

■ 宛梆人物剧照

宛梆是生长并流行在南阳的地方戏，最早称南阳调、老梆子、南阳梆子，形成于明末，完臻于清代，有300多年的历史。因南阳简称为宛，后改名为"宛梆"。

宛梆曲调丰富，唱腔激昂，其声腔高亢豪放，男声用大本嗓，给人以粗犷、豪迈、奔放、明朗的感觉。特别是女声唱腔的高八度呕音花腔，清亮委婉，配之主弦发出的"唧唧"声，犹如鸟鸣，是其声腔主要特色，堪称一绝。

大调曲子，原称"鼓子曲"，是南阳地区主要曲种，源于明、清俗曲，初兴于开封市，清乾隆年间

诸葛亮（181—234），三国时期蜀汉丞相，杰出的政治家、军事家、散文家、书法家、发明家。其散文代表作有《出师表》《诫子书》等。曾发明木牛流马、孔明灯等，并改造连弩，叫作诸葛连弩，可一弩十矢俱发。

■ 大调表演

特色之乡

文化之乡与文化内涵

曲牌 是传统填词制谱用的曲调调名的统称。俗称"牌子"。古代词曲创作，原是"选词配乐"，后来逐渐将其中动听的曲调筛选保留，依照原词及曲调的格律填制新词，这些被保留的曲调仍多沿用原曲名称。

传入南阳后，逐渐形成不同于开封鼓子调的曲种。后因河南曲剧俗称"小调曲子"，故鼓子曲改称"大调曲子"。

大调曲子音乐结构为曲牌连缀体。因每一连套形式常以鼓字头开始，鼓子尾收煞，故名鼓子曲。大调曲子现存曲牌160多种，大致分为常用鼓子杂牌、小昆牌、大牌子和部分非常常用曲牌。此外，还有板头曲数十首。

大调曲子伴奏乐器以三弦为主，古筝、琵琶为辅，手板、八角鼓击节。专业曲艺团队出现之后，加入二胡、大提琴、阮等。传统的演唱形式均为坐唱，后改以站唱，其后又出现了对唱、群唱及带有表演的弹唱形式。

大调曲子现存曲目近1300个。取材十分广泛，有历史故事"三国""水浒"，有古典名著"红楼""西厢记"以及民间传说《白蛇传》《梁祝》等，也有以日常生活为题材的《安安送米》《李豁子离婚》等，较古老的传统曲目《王大娘钉缸》《尼姑思凡》《目连救母》等。

三弦书，全称"三弦铰子书"，又称"铰子书"，早期称"板书"。因用三弦、铰子伴奏得名。音乐大致分铰子腔、鼓子腔两大类。据传，1775年前后，方城、南阳等地已有演唱活动。

清嘉庆、道光年间，以社旗、方城、南阳为中心，流行于除西部山区之外的南阳辖区各地。清末是三弦书的鼎盛时期，艺人足迹遍及河南全省及湖北、山西、陕西、安徽等地，乃至东北、内蒙古部分地区。演唱风格分东路、中路、西路3个流派。

鼓词，又称"鼓儿哼""鼓儿词""犁铧大鼓"等。一人演唱，左手击两块铜板，右手击鼓，唱腔属板式变化体，旋律性不强，多似说似唱。传统的曲目内容比较丰富，长篇大书有《包公案》《十字坡》等50多部。

锣鼓曲因用锣鼓伴奏得名，又称"地灯曲"，是用民歌连缀说唱故事的形式。曲调多是流行于当地的民间小调、山歌、田歌、号子。有四六句、哭五更等60多种。曲目多以劳动生活及爱情故事为内容。如《小寡妇上坟》《石榴烧火》《打牙牌》《吴三保游春》等。

名满天下

文化之乡

《包公案》又名《龙图公案》，全名为《京本通俗演义包龙图百家公案全传》，又称《龙图神断公案》。明代的公案小说，讲述包公破案的故事，是我国古代文学三大公案之一。《包公案》的题材，部分来自民间流传的包公故事，也有部分采录自史书、杂记和笔记小说中的有关材料而加以编排敷衍成篇的。

■鼓词用的鼓板

京剧伴奏乐器——鼓板、单皮鼓、键子

■ 说唱的女艺人

莲花落 是始于宋代，兴于明代而盛于清代的江西新干，当地称瞎子戏，是当时盲人乞丐行讨而唱的民间曲艺。其内容多为劝世文，以扬善惩恶，吉祥纳福为主。用方言说唱，委婉动人，通俗易懂，生动风趣，具有寓教于乐，淳化民风之功能。

槐书于清光绪年间形成于新野县堰镇堰村。基本曲调只有4个乐句。其中的"垛子句"是叙事的主要载体。伴奏乐器原只有一个小锣和一个堂鼓，后增加了八角鼓及丝竹乐器，并变单口、双口为多口演唱，唱腔音乐得以较大丰富。

此外，湖北天门、四川岳池也具有"中国曲艺之乡"的美誉。

天门地处鄂中腹地的江汉平原，文化底蕴丰厚，艺术表演形式和流派繁多，然而，最具地方特色的还数曲艺，有"中国曲艺之乡"的称号。

天门曲艺种类较多，历史悠久，富地方特色，其演唱风格和表现手法自成流派，主要曲种有天沔小曲、天门渔鼓、天门歌腔、天门说唱、三棒鼓、莲花落、道情、碟子小曲、天门善书等。这些曲种大多产生于明清时期，最早的在宋代。其曲艺音乐旋律优美，曲调丰富，演唱不拘一格，表演形式轻快活泼，富于变化，散发出鲜明浓厚的地方特色和乡土气息。

天沔小曲又名碟子小曲，亦称"内河小曲"，由汉水流域的天门、沔阳、汉阳、潜江一带的俚歌俗曲演变而来。

天沔小曲流传于江汉平原，其中尤以天门、仙桃最为流行，故别称为"天沔小曲"。因天门、沔阳是古云梦泽腹地，洪水泛滥，每遇水灾，百姓外出逃荒，敲碟子、唱小曲便成了人们外出谋生的一种手段。

演唱的形式简便灵活，不论稻场、街头、院落，还是茶楼酒肆均可表演。表演形式可一人敲碟演唱，也可以配上丝弦二人或多人演唱。所演唱的曲牌多为江汉平原的俚歌俗曲。

天门说唱，亦称天门锣鼓说唱，是流行于天门及毗邻地区的一个曲艺新品种。在演唱形式上，一般为甲乙二人演唱，一男一女或两男，也可由一人演唱。

二人演唱时，甲站立左边兼打鼓，书鼓由鼓架支撑；击镲，用小京镲横置于鼓架左侧；敲锣，锣挂于鼓架右侧；乙站立右边手持"三星"相配合。三星多用铜铃、锸锣、马锣由铁架支撑组成，亦称"星得皇"。

表演时，以说为主，以唱为辅，句式结构无严格要求，但语言要求用方言土语，并大致押韵，说白、唱词要形象生动、风趣诙谐、通俗易懂。伴奏一般以唢呐为主奏乐器，配以二胡、扬琴、琵琶、竹笛等，有的增加大提琴。近来也有加用电声和铜管乐器的。

天门渔鼓，传产生于清嘉庆年间。过去的渔鼓演唱形式主要是沿街卖唱，茶楼座唱和红白喜事赶酒。有单口唱、对口唱和唱皮影戏3种演唱形式。天门渔鼓是盛行于天门的一种民间曲艺形式。

渔鼓，起源于唐代，俗称"道情"或"道情筒子腔"。流转至今的渔鼓曲牌中，即有"道士腔""还魂腔""观音调"等。天门

古代女子表演小曲蜡像

天门渔鼓表演

渔鼓作为独立的艺术形式，可追溯到乾嘉"盛世"。天门渔鼓曲目有《武松赶会》《拷棚案》《包公案》。后来天门渔鼓最常见的演唱形式是与皮影配合，为皮影戏伴唱。

三棒鼓，也是3根铜钱棍。传唐时已有，当时叫三杖鼓，由一人颈挂扁鼓，手抡3根小木杖，三杖轮次击鼓，并以一杖轮流抛掷空中。边舞边击边唱。唱词多为三五一七句，即各句字数为五、五、七、五。

三棒鼓传到湖北天门后，融入当地花灯锣鼓、田歌等，边舞边唱，有的甚至融武术、杂耍、魔术于其间，花样很多，因而流布很广，有的还传到国外。据《天门县志》记载，同治年间，天门艺人陈登洲携儿带女靠唱渔鼓，打三棒鼓到了乌克兰一带。

阅读链接

岳池，位于四川盆地东部，华蓥山西麓，渠江与嘉陵江汇合处。作为千年鱼米之乡的岳池，自古便有"川东粮仓"之称，因盛产水稻，享有"银岳池"之美誉，故别称"银城"。岳池文化底蕴深厚，是我国西部地区唯一一个曲艺之乡。

岳池曲艺历史悠久，千百年来，勤劳聪慧的岳池人民在生活劳作的同时，自编自乐，创作一些群众喜闻乐见的曲艺节目，如扬琴、竹琴、盘子、清音、古筝弹唱、荷叶、花鼓、车灯、连厢、金钱板、快板、评书、双簧、谐剧、方言、相声、口技、莲花落、三句半、曲剧等。

艺术之乡

　　我国幅员辽阔，不同的地域环境和文化积淀，使得各地有着不同特色的民间艺术，如沛县的武术、玉屏的箫笛、东阳的木雕、井陉的拉花、安塞的腰鼓、紫阳的民歌等。它们各具特色，在我国艺术百花园里，争奇斗妍，大放异彩。

　　我国民间艺术根植于民间沃土，使得内容和种类极为丰富，文化内涵深厚。是广大劳动者为满足自己的生活和审美需求而创造的艺术，带有浓郁的地方特色和民族风格，与民俗活动密切结合，与生活密切相关。

武术之乡——沛县

　　沛县，位于江苏徐州西北部，处于苏、鲁、豫、皖四省交界之地，沛县，古称"沛泽"，又称沛国、小沛。自秦汉以来，沛县素以"汉汤沐邑""刘邦故里""武术之乡"而闻名于世，亦有"千古龙飞

■武术

地，帝王将相乡"之美誉。

沛县武术历史悠久，萌兴于春秋，发展于秦汉，鼎盛于明清。任何习俗都有它的历史地理根源。徐州扼南制北，沛县历来为兵家必争之地，各朝各代屡有战事，沛人习武，一为防兵乱，二为强身参战。

历史上的新生政权多靠刀枪剑戟及武艺高强的将士来维护。两千年前，汉高祖刘邦"提三尺剑"和他的布衣将相翦秦灭楚，建立汉王朝。196年刘邦平英布，迂道回沛，悲咏《大风歌》，返回时，亦带走千余习武乡人，此后，沛人习武日众。

■唐彩绘马上练武俑

考古工作者在栖山石塘南侧地下9米处发现一座汉墓，石棺内出土铁剑两把，画像上刻有对枪舞剑及杂技、武术的表演场面，还有许多佩剑扶弓之势，栩栩如生。可见，当时民间武术已经很流行。

刘邦、周勃、樊哙、王陵等在起兵之前就在此练武。两千年来，沛人习兵练武，英杰迭出，相沿成习，历久不衰。据《沛县志》记载，沛人"尚武挟意气""民喜佩剑以自卫"。

沛县原为肥腴之地，地肥田美。穷习文、富练武，练武者众多，看家护院，行侠仗义，游走江湖。自黄河夺泗入淮，沛地9次遭洪涝灾害，大水过后，

刘邦 （前256—前195），汉朝开国皇帝，汉民族和汉文化伟大的开拓者之一，我国历史上杰出的政治家、卓越的战略家和指挥家。对汉族的发展以及我国的统一和强大有突出贡献。

■ 梅花拳塑像

京杭大运河 古名"邗沟""运河"，是世界上里程最长、工程最大、最古老的运河，与长城并称我国古代的两项伟大工程。春秋吴国为伐齐国而开凿，隋朝大幅度扩修并贯通至都城洛阳且连涿郡，元朝翻修时弃洛阳而取直至北京。开凿至今已有2500多年的历史。

出于生计，习武护家，武风日盛。

元明时期，京杭大运河穿境而过，南北漕运出于安全，入境出境皆请沛人护镖，称"护镖""短镖"，高强武艺声名远播者方可胜此任。

沛县武术门派繁多，有赵派大洪拳、三晃膀大洪拳、武当大洪拳、二洪拳、黑虎拳、梅花拳、少林拳、西阳掌、形意拳、八卦掌、太极拳等。

武当大洪拳是沛县最有影响的拳门之一，是接近于内家拳的一个门派。其关东架、关西架是以阴柔为主的中架拳术。演练时扎实稳慢，发力配合呼吸，以意领气，以气催力；手法要求出拳以肩出为主，阳爪多出于腰，阴爪多出于肩，善于撸袖出爪。

李派梅花拳属少林拳派，清末由李振亭传入沛县。梅花拳套路结构对称紧凑，一招一式层层叠叠，动静分明，快慢相间，刚柔相济，纵跳翻腾，连打带拿，招式朴实，变化多端。拳术套路布局多呈"中"字形，器械套路多呈"米"字形，各方位呈对称状，攻防意识强，使用价值高。

梅花拳对技击方面的要求是一快、二准、三要狠，击其无备，袭其不意，乘机而袭，乘袭而击；虚而实之，实而虚之，避实击虚；静以待动，动以处静，不动如山岳，动则如雷电；拳来时拨，顺来横击，横来崩压，右来左接，左来右迎；远则上手，近便用肘，远则腿踢，近便加膝；人来伏身，足来提膝；远躲近要摔，贴身用靠挤。

刘派梅花拳是少林拳的一个分支，由刘保军传入沛县。刘派梅花拳套路严谨，内容丰富，动作小巧紧凑，节奏鲜明，快慢相间，步法敏捷，进退有序，上下相随，形神兼备，别具一格。

宋氏少林为北派少林，徐派少林属少林拳门，据说由少林僧人朝阳传入徐家，经清代中叶徐太清研习而成。宋氏少林注重技击，立足实践，其套路短小精悍、严密紧凑、变化多端，绝无松、懈、空、散、滞之弊；起落进取多为直来直往，在一条线上进行运动，可在"卧牛之地""方寸之内"施展自己的解数，发挥拳、脚的威力。

少林拳 我国拳种之一，得名于少林寺，是在我国古代健身术的基础上，吸收各种武艺之长而形成的我国拳术的一个最有影响的流派，以其刚健有力、朴实无华和利于技击而在国内外享有盛名。

■梅花拳雕塑

八卦 是我国古代的一套有象征意义的符号，用"—"代表阳，用"--"代表阴，用3个这样的符号，组成8种图式，叫作八卦。八卦相传是伏羲所造。八卦代表了我国早期的哲学思想，除了占卜、风水之外，影响还涉及中医、武术、音乐、数学等方面。

从技击角度出发，一招一式一拳一腿，非攻即守，攻中有守，守中寓攻，动作精干，简洁洗练，质朴无华。手法要求曲而不曲，直而不直，具有"肩与胯合、肘与膝合、手与足合"等特点。

西阳掌的特点是以柔克刚，意气相合，脚踏如棉，进如闪电；多用掌法，大架子较多，动作大开大合；要求慢用力，讲究"愚劲"和"拷劲"。马步一字外展，另一脚前尖点地，双膝外展，步法以垫步、上三步、击步较多；手型以爪为主，五指叉开，力达指尖；出手时掌多出于耳门，爪出腮边。

田派二洪拳为少林拳门一支，清朝末年由河北省清风县田培祥传入沛县。此拳风格特点是小架较多，以柔为主，动作灵活多变，架式多以丁步跨虎、歇步打擂为主。步法多为鸡爪蹦、潜步铲腿、拐手小拿；出手要求拳出虎口掌出腮，打拳扑锤即夹肋。

■少林武术

　　三晃膀大洪拳由清朝乾隆武师张建在沛县传于李兴美，从此该拳流传下来。其特点是六路三晃膀动作整齐，朴实无华，规矩严谨，刚劲有力，路线直来直往，套路短，空间小，易于练习，实用价值大。

　　步型以4种步型为主，马步为两脚八而不八，二而不二，丁而不丁，分膝拢裆，挺胸塌腰；单鞭为开胯顺弓步；十字步为拧裆后脚跟提起，膝盖下垂；丁宿步步法以剪步、垫步为主。手法特点是出没无阵，多晃膀和连环掌，要求一动全身动，讲究寸劲和力量。

　　赵派大洪拳在清朝末年由赵清纯从山东引入。其特点潇洒舒展，动作低沉，灵活多变，刚柔相济，步法轻稳，有一定的实用价值。

　　形意八卦掌又名阴阳掌，清朝末年由李清合传入沛县。其特点是刚柔相济，严密紧凑，行如游龙，手眼相随，神、气、意、力合一集中，套路沉实稳定，技击性强。

　　梁派少林形意拳由梁宗贵传授少林拳、六角拳、形意拳等，在沛县形成独立门派，人称"梁派少林形意拳"。

　　孙氏太极拳源于孙禄堂，故名"孙氏太极"。其特点为进退相随，舒展圆活，动作敏捷，套路如行云流水，绵绵不绝，集形意、八

卦、太极于一体，在技击实用上有很高的价值。

沛县武术带有浓厚的区域性和兼容性。沛县武术特色鲜明，大开大合，勇猛彪悍，推拨擒拿，巧中用力，内外兼修，刚中寓柔，柔中寓刚，既适于养生，又利于技击，讲究"踢、打、摔、拿；手、眼、身、法、步；精、神、气、力、功；动、静、起、落；站、立、转、折；轻、重、缓、快"。有内家拳和外家拳之分。内家拳以强筋骨、运气功、静以制动。外家拳以调呼吸、练百骸、进退敏捷，刚柔兼济为主。

沛县武术活动在民间广为盛行，每逢农闲、节日，在树林、田头、场院，练武号子不绝于耳，器械搏击之声相闻，男女老少各逞英姿。每年春节，举行全县武术比赛，大大促进了沛县武术运动的发展和提高。

■太极拳

阅读链接

沛县最具代表性的三晃膀大洪拳，迄今已有数千年历史，唐朝名为"天罡拳"，宋朝更名"黑虎拳"，明初洪武年间更名"大洪拳"延名至今，历经沧桑、变革得以幸存。大洪拳属外家拳法，内外兼修，注重精气神的主导作用。动作朴实无华，刚劲有力。发拳有穿山洞石之情，落步有入地生根之意。虚实不定变化多端，多晃膀和连环掌，因而又称"三晃膀"大洪拳。

箫笛之乡——玉屏

玉屏位于贵州东部，与湖南接壤，素有"黔东门户"之称。玉屏生产箫笛，且被誉为"中国箫笛之乡"。

玉屏箫笛，是与大方县的漆器、茅台酒齐名的"贵州三宝"之一，原名平箫玉笛，是我国著名的两种竹管乐器。由于它具有历史悠久，品质优良，工艺精细，音韵清越，美观大方等特点而誉满神州，蜚声海外。

早在西汉末年，古玉屏所在地就有箫笛流传。明清时期被列为贡

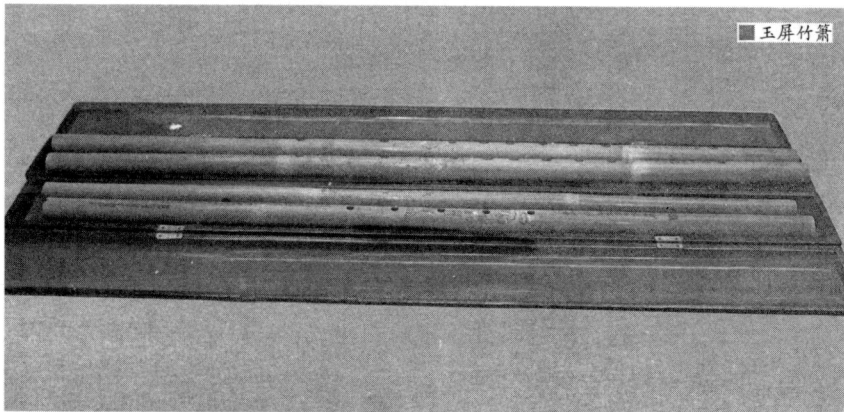
■玉屏竹箫

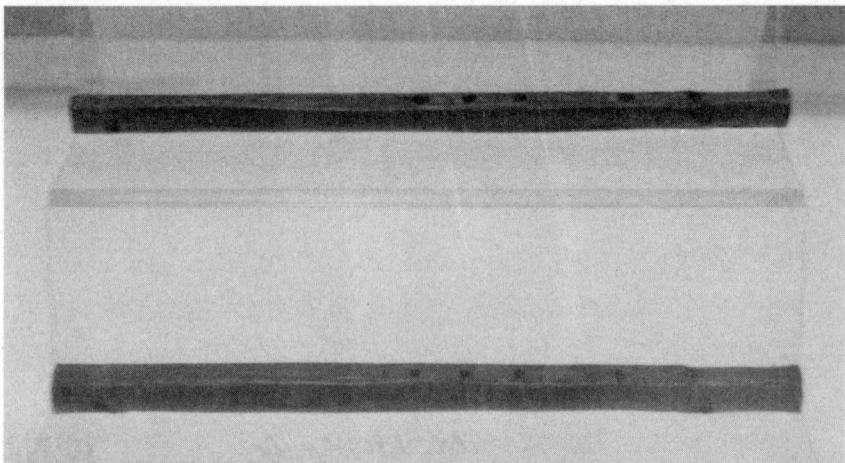
■ 古代乐器萧

特色之乡

文化之乡与文化内涵

品，深受皇室垂青。有关玉屏箫的记载首见于清乾隆
《玉屏县志》：

> 平箫，邑人郑氏得之异传，音韵清
> 越。善音者，谓不减凤笙。

"郑氏"即郑维藩，明万历年间人。"得之异
传"即得之于与郑维藩同时云游玉屏的鹿皮翁老道。
玉邑郑氏第六代子孙郑维藩为明万历乙酉科举
人，在中举做官到任前，曾去镇远走亲访友。一天逢
集，在街上偶遇一云游道人，双方言语投机，便邀入
家中。道士由于一路风寒，刚到玉屏，便染恙卧榻，
一病不起。

经过郑氏的精心照料，大约两个多月，道士病体
日渐好转，病愈后，郑维藩陪道士同游平江八景。一
日，游经城北玉屏峰，见韩湘子、吕洞宾等"八仙"
从东边天际乘祥云飘然而至，坐在石莲峰山上吹拉弹

唱，两人匆匆赶去，只见群仙吹奏乐曲，驾云而去。

二人寻找"八仙"踪迹，拾到箫一支，是韩湘子的，直到日影西斜，不见仙人归，只好将神箫带回家中。次日，他们又到郊西南的飞凤山漫步，但见满山生翠，竹影婆娑，玉竿丛立，绿荫如云，山腰薄雾若带丝。

道士叹曰："此乃仙境矣！"随即截取两根水竹而归，按雅乐十二律排列口音，构成燕乐二十八调，制成了两支箫，吹奏时，"其声呜呜然，如怨如慕，如泣如诉，余音袅袅，不绝如缕"。

道士把制作箫的技艺传给了郑家，以谢其三月之久的护理盛情。善弄丝竹的郑维藩喜出望外，将其视为传家珍宝。随后，道士与郑维藩洒泪而别，起程云游他方。

翌年，道士游到北京，住在紫禁城旁的一座庙里。是夜，月明如昼，秋高气爽，道士心旷神怡，满腹诗章歌咏，即取出一管在郑家时制作的箫吹奏良宵仙音，婉转动听，飘进皇宫。

明万历皇帝听见幽雅的箫声，随口吟道："此曲只应

吕洞宾　道教全真派"北五祖"之一，全真道祖师，三教合流思想代表人物。与铁拐李、汉钟离、蓝采和、张果老、何仙姑、韩湘子、曹国舅并称"八洞神仙"。在民间信仰中，他是"八仙"中最著名、民间传说最多的一位。

083

各有千秋
艺术之乡

■韩湘子吹箫图

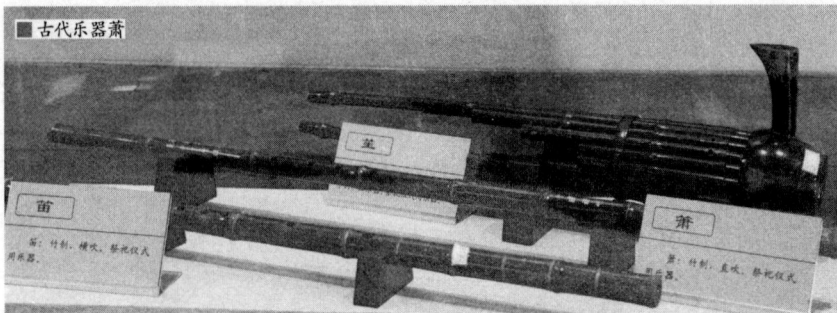
■古代乐器箫

特色之乡

文化之乡与文化内涵

天上有，人间能得几回闻？"第二天，便派人打听，不知所向，只听说此箫出自平溪卫郑氏之手。皇帝随即派钦差大臣到平溪卫查访属实后，便命郑氏年年制箫进贡。于是平箫也称"贡箫"。

此后，郑家为感谢道士的传艺之恩，便将其画像敬奉于神龛，称之为平箫艺祖。每招徒传艺，必领徒弟先拜艺祖，再拜业师。

玉屏笛创制于清雍正年间的1727年。郑家在制作箫的基础上试制成功笛子，以玉屏之玉为名，故称"玉笛"，与箫配对，合称"平箫玉笛"。

郑氏在明代及清初为仕宦之家，不乏衣食，所制平箫只为自娱自乐。后作礼品馈赠亲友，地方官吏索求偶有赠送，明清两代被列为贡品上奉朝廷。

清咸丰年间时，郑维藩第九代孙郑芝山，因家境萧条，生活艰难，同时社会对平箫的需求日增，始专制平箫玉笛，开设店铺，挂出"贵州玉屏郑芝山祖授仙师秘传精制雅颂贡箫"招牌营业，产品供不应求，始打破嫡传规训，向外招徒传艺，扩大生产经营。

玉屏箫笛从选料到制作十分讲究。它是用当地一种特有的长在阴山溪旁少见阳光的水竹制作的。这种竹节长、肉厚，通根基本一致，只有人的拇指粗细。砍竹的时间很讲究，一般是立冬后两个月为好。因为这时的竹含水和糖少，做出的箫笛不易开裂和霉变。

玉屏箫笛的制作，要经过制坯、雕刻、成品3个流程，70多道工序。品种由一箫一笛，发展为七箫十二笛100多个花色品种。

玉屏箫笛素以雕刻精美而著称，一般是在管身外表涂以古铜色彩或浅黄颜色，然后雕刻出细腻而逼真的山水、花草和鸟兽等各种纹饰，有的图案取材于民间故事、诗词和典故，如有名的"龙凤图"，即是选自《东周列国志》中的"龙凤呈祥"神话故事。

在雕饰艺术的布局上，更妙于诗与画的谐和，色调与纹样的统一，自然色彩与诗词的协调，使之工艺纤巧，有较高的艺术欣赏和收藏价值。

玉屏箫笛中尤以"龙凤屏箫"最受欢迎。它是雌雄成对的箫管。雄的略粗，雌的稍细。吹奏起来雄箫音浑厚洪亮，雌箫又音色圆润含蓄而隽永。雌雄合奏，好似一对情侣在合唱，是那样地协调和谐，娓娓动听。

阅读链接

相传春秋时期，秦穆公有个小女儿生来爱玉，秦穆公便给她起名叫"弄玉"。弄玉喜欢品笛弄笙，穆公疼爱她，便命工匠把西域进贡来的玉雕成笙送给她。一晚，弄玉梦见一位英俊青年，极善吹箫，愿同她结为夫妻。秦穆公按女儿梦中所见，派人寻至华山明星崖下，果遇一人，名叫萧史，遂引至官中，与弄玉成了亲。

一夜，两人在月下吹箫，引来了紫凤和赤龙。于是萧史乘龙，弄玉跨凤，双双腾空而去。秦穆公派人追赶，直至华山中峰，也未见人影，便在明星崖下建祠纪念。这就是"龙凤呈祥"的故事。

木雕之乡——东阳

东阳木雕因产于浙江东阳而得名，与青田石雕、黄杨木雕、瓯塑并称"浙江三雕一塑"。相传早在1000多年前，东阳人就开始其木雕的历史，他们世代相传，创造了众多的千古佳作，造就了上千木雕艺人，从而成为著名的"木雕之乡"。

■东阳木雕关公

东阳木雕约始于唐而盛于明清，自宋代起已具有较高的工艺水平。据说，唐代被称为"活鲁班"的华师傅为分任吏部尚书和工部尚书的冯宿、冯定两兄弟营造厅堂，准备接檩上梁时，一复查，180根楠木大梁全短了一尺二寸，活鲁班大惊！

适有一老翁上门要鱼要肉。活鲁班款待之，老翁把两条鱼尾分别移动在两个碗上，像两个鱼头相对，伸出一截，然后用筷子往两嘴套，扬长而去。

活鲁班突然领悟，立刻命匠工做了360个鱼头，固定在柱头上。以此把梁接住，柱上安鱼头，新颖又美观，且鱼头与"余头"谐音，大吉大利，后人又在鱼头上加上牛腿，这便成了最早的东阳木雕。

至宋代，东阳木雕已具有较高的工艺水平。北宋时期所雕的善才童子和观音菩萨像造型古雅端庄，足以说明东阳木雕当时的水平与风格。

■ 东阳木雕

当明代盛行雕刻木板印书后，东阳逐渐发展成为明代木雕工艺的著名产地。主要制作罗汉、佛像及宫殿、寺庙、园林、住宅等建筑装饰。

至清代乾隆年间，东阳木雕已闻名全国，当时约有400余名能工巧匠进京修缮宫殿，有的艺人被选进宫雕制宫灯及龙床、龙椅、案几等，后来又发展到在民间雕刻花床、箱柜等家具用品。

东阳木雕广泛应用于建筑和家具装饰，形成整套的技艺和完善的风格，存有卢宅"肃雍堂"和白坦"务本堂"、马上桥"一经堂"等明清古建筑，以及千工床、十里红妆等家具。

鲁班（前507—前444），姓公输，名般，又称公输子、公输盘、班输、鲁般，鲁国人。是我国古代的一位出色的发明家，2000多年以来，他的名字和有关他的故事，一直在广大人民群众中流传。我国的土木工匠们都尊称他为祖师。

■清代东阳木雕戏剧
故事纹花板

蟠螭 相传是龙与
虎的后代,生得
虎形龙相,具有
龙的威武和虎的
勇猛,因而在古
代军队的军旗、
印章以及兵器上
经常出现。春秋
至秦汉之际,青
铜器、玉雕、铜
镜或建筑上,常
用蟠螭的形状作
装饰,其形式有
单螭、双螭、三
螭、五螭乃至群
螭多种。

传统的东阳木雕属于装饰性雕刻,以平面浮雕为主,有薄浮雕、浅浮雕、深浮雕、高浮雕、多层叠雕、透空双面雕、锯空雕、满地雕、彩木镶嵌雕、圆木浮雕等类型,层次丰富而又不失平面装饰的基本特点,且色泽清淡,不施深色漆,保留原木天然纹理色泽,格调高雅,被称为"白木雕"。

东阳木雕原材料的种类主要以香樟木、松木、山白杨为主,也有用柏木、红木、水曲柳、水杉、云杉、红豆杉、台湾松木的。

东阳木雕工艺类型有无画雕刻与图稿设计雕刻两类,均注重创意和绘画性,具有较高的艺术价值。

东阳木雕的传统风格主要有"雕花体""古老体",以后又产生了戏文化的"微体""京体"及画谱化的"画工体"。其中的画工体讲究安排人物位置

的疏密关系，人物姿势动态变化多而生动，景物层次丰富，又有来龙去脉、重叠而不含糊。

在艺术手法上，东阳木雕以层次高、远、平面分散来处理透视关系，并以中国传统绘画的散点透视或鸟瞰式透视为构图特点，它可以不受"近大远小""近景清""远景虚"等西洋雕刻与绘画规律的束缚，充分展示画面内容。

在雕刻题材方面，早期的东阳木雕受宋都南迁后带来的中原文化影响，较多地采用奔虎、蛟龙、朱鸟、白鹿、蟠螭等图腾形象和神话故事人物为创作对象。

明清时期，受古典文学和戏曲文化的影响，文学典故和剧情故事大量出现在雕刻题材之中。清代晚期以后，书画艺术深深地影响了东阳木雕的创作。

早期的东阳木雕鲜有落款，这大约是由于旧时视手工艺品为"雕虫小技"，手艺工匠社会地位低，艺人没有"流芳百世"的自信，加

精美的东阳木雕宫灯

上艺人自身文化素养低，想落款也力不从心。东阳木雕出现落款大约始于清末，与"画工体"同步出现。

落款内容一般包括标明作品主题或主题意境的题词和标明创作背景内容的如作者姓名、创作时间和印章等两大部分内容。

东阳木雕的题名落款是或凹或凸的特种图像，与整体画面的图像在同一个画面之中，是整体画图像的有机组成部分。

东阳木雕以悠久的历史，丰富的品类，生动的神韵，精美的雕饰，精湛的技艺和广泛的表现内容而名扬海内外。它是我们民族的瑰宝，东方文明中一颗璀璨夺目的明珠。它蕴含着中国人民的智慧，融会了中华民族特有的气质和文化素养，它在世界民间雕刻史上也是独树一帜的。

阅读链接

东阳人杜云松14岁从郭金局学木雕。杜云松能画善雕，技法全面，无论是浮雕还是深雕，无一不精。杜云松从事东阳木雕艺术61载，成为著名的东阳木雕艺术家。他还参与创办东阳木雕技校，为东阳木雕的繁荣发展培养了许多人才。

杜云松的木雕题材广泛，山水、人物、花卉、鸟兽等样样在行，技艺如此全面的木雕艺人在东阳并不多见，故又有"木雕皇帝"之称。他可以不用图稿而能当面持刀雕刻真人肖像，所雕刻的楼店楼玉龙父母肖像，栩栩如生，令人称赞。

拉花之乡——井陉

井陉位于河北西部与山西交界的太行山深处，素有"天下九塞，井陉其一"之说。井陉历史悠久，源远流长。悠久的历史孕育了井陉优秀的文化艺术。井陉拉花是诸多民间艺术中的佼佼者，也是井陉人最喜爱的民间舞蹈，素有"井陉拉花遍地扭"的俗语。

井陉拉花源于民间节日、庙会、庆典、拜神时的民间街头花会，历史悠久，源远流长，早在唐宪宗年间成书的地理总志《元和郡县志》中就有记载。关于井陉拉花的产生，还有一个美丽的传说故事。

据说，在宋末元初时，井陉深山里有一个残忍无道的歹徒，占山为王，经常抢劫民财，残害百姓，每逢

■井径拉花

年关，都要下山抢男霸女。当地百姓恨之入骨，便想除掉这个恶贯满盈的山大王。

有一年春节，当地百姓选拔了一伙胆大心细、武艺高强的青年男女，装扮成卖艺的，身着五颜六色的彩衣，手持精巧美丽的花伞、花扇、花瓶、花篮、霸王鞭等物件，暗中携带着各种兵器，佯装途经山寨，故意让强盗劫掠入山。

深夜，这些青年男女趁山大王寻欢作乐和给他献艺之机，与被抢劫去的民夫里应外合，放火烧了山寨，除掉了山大王，解救出许多被掠的黎民百姓。

自此以后，每逢年节，当地百姓都打起花伞，舞起彩扇，挑起花瓶、花篮，打起霸王鞭，结队欢舞，以示庆祝。

拉花的形成和发展过程中，不仅承袭了其他舞蹈的特点，更主要是根据井陉特有的地域特征、风俗特征而发展形成了独有的舞风。

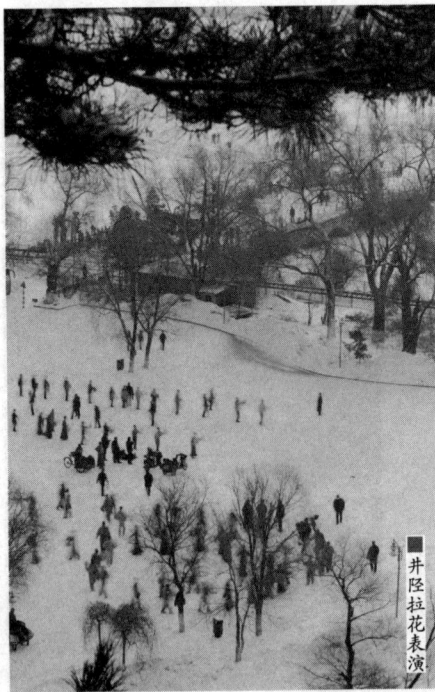
■井陉拉花表演

拉花是一种不受场地限制，既可街头、场院演出，也可登台献技、时间可长可短的群舞。演出方式可分为两种，一种是行进中的演出，称为过街，这种表演因受行进的局限，仅能用一根鞭、二龙并进等简单的队形，无法追求舞蹈的完整性，但有因地制宜的特点，因此一般在参加拉会和踩街时采用。

另一种为场地演出，其队形多变，能充分发挥演员的表演技能，而且演出完整。参加演出的演员，一般为6的倍数。

从表演形式上看，拉花可分为跷子拉花和地拉花两种。所谓跷子拉花，即扮演女角者，脚踩跷子进行表演，代表流派是固地拉花。

跷子拉花逐渐演化为一种犹如西方芭蕾舞中的立脚尖，以木削的"戳跷"捆绑于脚，而且戳跷穿以鞋袜遮盖，犹如古代妇女的"三寸金莲"。表演时，演员只有始终保持"立脚尖"姿态才能表演。

■ 井陉拉花表演

这种拉花中的女角虽为男扮女装，但因受"戳跷"的影响，使身体前倾、腆胸、塌腰、翘臀，移步娇媚，逼真地再现了古代妇女的神韵。

跷子拉花掌握难度大，经多时训练方能表演，俗有"冬练三冬、春练三春"之说，特别是脚绑戳跷的就更难。在井陉有"固地的拉花一片功"之说，就是对戳跷难度的形容。

清末，拉花进入鼎盛时期，被官方誉为井陉的四大迎神赛会形式之一。随着妇女放足以及群众审美观的改变，有的如南平望拉花从跷上解放下来，演变为一种不同于地拉花的地跷拉花。

拉花的传统化装、道具、服饰均与当地的民俗事项有着密切的关系，因此，具有鲜明的地域特点。

时拉花男性角色的脸颊画有梅花，以寓"五福"的；也有的画菊花这样的吉祥之花的；有的额心至鼻

踩街 "踩街"文化诞生于我国隋唐时期，最早是春节期间百姓自发聚在一起，载歌载舞相互庆祝，而以福建泉州最为有名。泉州"踩街"民间艺术，是从古代元宵节和迎神赛会活动发展演变而来的。每年正月元宵节或迎神赛会活动，必有化装文艺游行的习俗，街市张灯结彩。参加"踩街"的人成千上万，向为闽省之冠，被誉为泉州的"狂欢节"。

■ 井陉拉花

头之间画蝎、蛇、蜈蚣、壁虎、蟾蜍"五毒"中的形象，以希望能够以禳虫毒。

女角中的丑婆脸上以右眼眉旁经鼻梁向左斜至颧骨画一白色的斜线或点，以达到煞邪之目的。

拉花的道具多是流传在汉族民间舞蹈中通用的道具，如彩绢、彩扇、伞、鞭、太平板等。在此基础上各种拉花均根据自身的需要而增设。

如庄旺拉花货郎担，他表现的是货郎卖绒线的故事，就根据自己角色的需要而加入货郎鼓、货郎架。又如南平望拉花送美人，她表现的是护送美女入宫的故事，就加入化装匣以供美女梳洗打扮。但大多数的拉花中有着一种在其他民间舞蹈中不多见的道具花瓶。

笔竿胡是一种道具，戴在男角的嘴唇上，可谓独具匠心。它通过上唇的噘起，带动笔竿滚动，从而夸张地表现出吹胡瞪眼的滑稽相。在跷子拉花的傻小子手中，手持红萝卜或莲花蕾之类的道具，这些道具的应用很明显为古代生殖崇拜的遗俗。

地拉花的服饰大同小异，多沿用清代服饰，男性角色头戴瓜壳帽，上身穿偏襟长衫，前后下摆用针线撩起，罩坎肩，下身穿灯笼裤，腿扎绑带，腕扎扣袖，脚蹬云鞋，腰系彩绸，腰间且掖着两个绣工精美的钱袋。

女角中的丑婆，大包头，扎绸子结花垂于右耳旁，上身穿偏襟大衫，下穿罗裙，腰扎彩绸，右肩斜背一包袱。其他女角，梳一根长辫垂于脑后，头上插花，身穿不过膝的偏襟长衫，罩镶边坎肩，下穿彩裤着彩鞋，腰扎彩绸，各角色均按所扮演老、中、青、少的年龄特征，在色彩上有所变化，青少要色彩鲜艳些，老中色彩需浅淡些。

井陉拉花的音乐为独立乐种，既有河北吹歌的韵味，又有寺庙音乐、宫廷音乐的色彩，刚而不野、柔而不靡、华而不浮、悲而不泣，与拉花舞蹈的深沉、含蓄、刚健、豪迈风格交相辉映，乐舞融合，浑然一体。

传统拉花音乐多为宫、徵调式，其次还有商、羽调式，节奏偏慢。乐器有大管、小管、膜笛、笙、龙头二胡、三弦、四股弦、敲琴、云锣、小镗子、小镲、扁鼓。

管子是拉花音乐中的灵魂，起领奏作用，在乐曲中时奏时停。那种淳朴、粗犷、浑厚、略带悲怆的音色，如泣如诉地将人带入昔日井

■井陉拉花

陉人民深重灾难之中，恰与舞蹈融为一体。

小管的高亢，膜笛的滑音、颤音和花点与大管互相呼应，捧笙以三度、五度和弦将乐曲珠联璧合。云锣以其清脆悦耳的问答式的轮奏，复调旋律与大管配合。

小镲子、小镲按花点击拍，严密的分工，紧密的配合，令人毫无齐奏乏味之感。管、笙、笛、云锣是拉花音乐中必不可少的主奏乐器，构成拉花特有的艺术魅力以及浓郁的乡土气息。

拉花的乐曲由曲牌和民歌组成。它的曲牌约有10多首，如"万年欢""春夏秋冬""爬山虎""小儿番""粉红莲""雁南飞""摸""八板"等曲牌，"八板"这个曲牌被各村拉花普遍使用，艺人称"踩着八板扭拉花"。

井陉拉花虽属秧歌范畴，但舞蹈语汇刚柔并济、粗犷含蓄。舞姿健美、舒展大方、屈伸大度、抑扬迅变，善于表现悲壮、眷恋、爱情、行进的情绪。

阅读链接

关于井陉拉花名称的由来，有这样一个传说：该村有一名叫杨名举的人，明万历时在河南任西华县县令，任满路过牡丹胜地洛阳时，将数簇牡丹带回，在本村老君庙内以"花王"敬神。从此每到花开季节，总吸引许多男男女女前往观看。为纪念牡丹在井陉扎根这件喜事，一些民间艺人将其编为舞蹈。

由于当时交通不方便，在近千米的路途中，牡丹花的迁移只能用人力拉运，故取名为"拉花"。这样演员就出现了身背花、头插花、脸画花、肩挑花的无处不花的装束和与拉有密切关系的舞步姿态。艺人们仍持有"有了牡丹花，就有了拉花"的说法。

腰鼓之乡——安塞

安塞，地处陕北高原腹地，地域辽阔，沟壑纵横，延河在境内蜿蜒流过，素有"上郡咽喉""北门锁钥"之称，是抵御外族入侵的边防要塞之一。

安塞地处黄土高原腹地，县民以淳朴、诚实著称，由于交通的阻塞，致使古老文化艺术能够跨历史时期地保留下来，成为黄土文化中

■安塞腰鼓表演

■ 安塞腰鼓

腰鼓 是我国汉族古老的民族捶击膜鸣乐器，形似圆筒，两端略细，中间稍粗，鼓长约34厘米，两面蒙皮。鼓框上有环，用绸带悬挂在腰间，演奏时双手各执鼓槌击奏，并伴有舞蹈动作。历史悠久，发音脆亮，在民间广泛流传。

极其珍贵的部分。腰鼓便是其中之一。安塞腰鼓堪称"中国一绝"，被誉为"中国腰鼓之乡"。

早在秦汉时期，腰鼓就被驻防将士视同刀枪、弓箭一样不可少的装备。遇到敌人突袭，就击鼓报警，传递讯息；两军对阵交锋，以击鼓助威；征战取得胜利，士卒又击鼓庆贺。

随着时间的流逝，腰鼓从军事用途逐渐发展成为当地民众祈求神灵、祝愿丰收、欢度春节时的一种民俗性舞蹈，但在击鼓的风格和表演上，继续保留着某些秦汉将士的勃勃英姿。

安塞腰鼓融舞蹈、歌曲、武术为一体，表演刚劲豪放，气势宏大，色彩鲜明，热烈喜庆，给人一种强大的艺术震撼。被誉为"中华鼓王""东方神鼓""东方第一鼓""中华民族之鼓魂"。

安塞腰鼓多采用集体表演形式，腰鼓手少则数十人，多时可达百余人。队伍包括拉花女角、伞头、蛮婆、蛮汉等角色，和"跑驴""水船"等各种小场节目组成浩浩荡荡的民间舞队。

在表演上强调整体效果，要求动作的整齐统一和队形变化的规范性，主要通过鼓手们豪迈粗犷的舞姿和刚劲有力的击鼓技巧，充分展现生息在黄土高原上的男子汉们的阳刚之美。

安塞腰鼓有完整的表演程式和活动习俗。过去，多在喜庆节日和庙会中演出，每年的春节至元宵节，是集中的活动时间。

活动开始前，要由庙会会长先组织祭祀活动，称"谒庙"，舞队在伞头的带领下，敲起锣鼓，吹着唢呐，有时还要抬着整猪整羊和其他供品前去寺庙烧香敬神，祈求神灵保佑风调雨顺、国泰民安。并在庙内广场踢打一阵，意在娱神。

春节 是我国民间最隆重最富有特色的传统节日，也是最热闹的一个古老节日之一。在春节期间，我国的汉族和很多少数民族都要举行各种活动以示庆祝。这些活动均以祭祀神佛、祭奠祖先、除旧布新、迎禧接福、祈求丰年为主要内容。活动丰富多彩，带有浓郁的民族特色。

■黄土高坡上的安塞腰鼓表演

傩 是上古时代图腾崇拜时期的一种仪式，其目的主要是祈求神灵逐鬼除疫，保佑百姓过上安宁生活。在我国的湖南、江西、河北、重庆、四川、云南等地，具有广泛的傩文化分布。傩戏仪式繁多，器具众多，傩面具则是界定傩戏艺术的重要特征。

"谒庙"结束，正月初八九后，腰鼓队便开始了挨门拜年活动，俗称"沿门子"。当地有这样一句谚语：

锣鼓唢呐直响哩，屁股底下棍撬哩！

这时，腰鼓队按村中情况依次走串各家，在主家院中、窑前表演一阵，伞头根据各家情况，触景生情演唱几段吉利秧歌，以表贺年之意。

主家则认为腰鼓队进院入户敲敲打打、跳跳唱唱，可以消灾免难、四季平安。这可能是古代"乡人傩"的习俗遗风。有时两队腰鼓在途中相遇，一般都由伞头互唱秧歌，共贺新年，让道而行，但是有时难免会出现互不让道的情况，此刻就要竞技赛艺，争个

■安塞腰鼓表演

■安塞腰鼓表演

高低。

两队锣鼓大作，唢呐声、腰鼓声，好似春雷滚动。鼓手们尽情击打、跳跃，如疯似狂，打至高潮，鼓乐暂息，由双方伞头出场对歌，这也是竞赛技艺的一个方面。直至有一队阵角先乱，动作不齐，鼓点、队形也都统一不到一块或对歌对答不上时，就算输了，于是主动让道，让胜者先走。

"沿门子"结束后，邻村之间的腰鼓队还要互相拜年，彼此互访，进交行流演出，这和陕北秧歌一样，称"搭彩门"。

正月十五时，各村腰鼓队云集广场，开始了互比互赛活动。各路鼓手各显身手，互比高低，成为一年里腰鼓表演的高潮。这不仅活跃了农村春节文娱活动，还通过彼此观摩、切磋技艺、推动了腰鼓的普及

陕北秧歌 是流传于陕北高原的一种具有广泛群众性和代表性的传统舞蹈，又称为"闹红火""闹秧歌""闹社火""闹阳歌"等。它主要分布在陕西榆林、延安、绥德、米脂等地区，历史悠久，内容丰富，形式多样。其中绥德的秧歌最具有代表性。

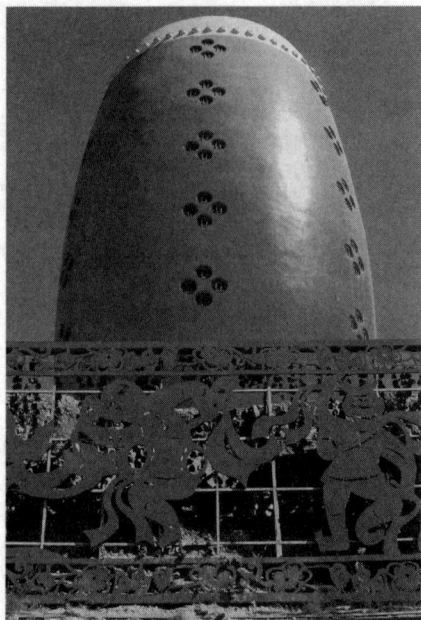

■ 安塞腰鼓标志

唐僧 即玄奘，唐朝著名的三藏法师，汉传佛教历史上最伟大的译师。俗姓陈，本名祎，出生于河南洛阳洛州缑氏县，佛教法相宗创始人。佛教的学者、旅行家，与鸠摩罗什、真谛并称我国佛教三大翻译家，唯识宗的创始者之一。

和提高。

当晚还要举行"转灯"，几乎是人人争游，阖家同转。届时鼓乐齐鸣，灯光闪烁，腰鼓队在前引导，众人随后，呈现出一派热闹非凡的景象。腰鼓队的活动常延续到正月十七、十八，祭罢土地神后方告结束。

腰鼓的表演形式可大致分为"路鼓"和"场地鼓"。"路鼓"是腰鼓队在行进中边走边舞的一种表演形式，前由两名伞头领队，后随由挎鼓子和拉花组成的舞队。

伞头身后紧随的一位挎鼓子，称"头路鼓子"，他必然是技艺精湛的击鼓能手，全队的动作变换和节奏急缓，统一由他来指挥。队伍的后部，是扮成蛮婆、蛮汉的丑角，也有的扮成孙悟空、猪八戒等"唐僧取经"中的人物，随意扭动，逗笑取乐，以增添节庆的欢乐气氛。

"路鼓"由于在行进中表演，一般动作简单，幅度较小，多作"十字步""走路步""马步缠腰"等动作。常用的队形有"单过街""双过街""单龙摆尾""双龙摆尾"等。

"场地鼓"是指腰鼓队到达表演地点，打开场子后的表演形式。开始时由伞头挥伞号令，顿时鼓乐齐鸣，众舞者随伞头翩翩起舞。这一段叫"踩大场"，表演节奏缓慢，目的是打开场地，拉开队伍。

第二段载歌载舞，表演节奏渐快，动作幅度较大，队形变化繁多。常用的队形有"神楼""古庙""神前挂金牌""富贵不断头""和尚游门"等。到引出"太阳弧"图案后，伞头站到场中央领唱秧歌，唱词视场合和对象而定。

"谒庙"时，有拜庙祭文；一般演出有向观众拜年问好的，也有喜庆丰收和祝愿吉祥等内容。伞头唱时，众舞者在场边慢步转圈，并重复接唱每段的最后一句，俗称"接后音"。

唱完后，伞头退出场地，由挎鼓子和拉花入场表演，走出各种复杂多变的队形。此刻不受时间的限制，舞者尽情表现各自的技艺绝招，情绪热烈，起伏跌宕，使表演达到高潮。

为了突出挎鼓子的技巧，表演"场地鼓"时由挎鼓子在场内单独进行表演。其他的鼓手在头路鼓子的指挥下，精神振奋，击鼓狂舞，此时只见鼓槌挥舞，彩绸翻飞，鼓声如雷，震撼大地，声势逼人，极

■ 安塞腰鼓

富感染力。

这一段结束以后，再穿插表演其他形式的小场节目，如"跑驴""水船""高跷""二鬼打架""大头和尚"等。小场节目结束后，再接着表演一段大场腰鼓。此刻锣鼓敲得快，唢呐吹得紧，击鼓更激烈，情绪更欢快，使整场表演在强烈的气氛和高昂的情绪中结束。

安塞腰鼓依据不同的风格韵律原有文、武之分，"文腰鼓"轻松愉快、潇洒活泼，动作幅度小，类似秧歌的风格；"武腰鼓"则欢快激烈、粗犷奔放，并有较大的踢打、跳跃和旋转动作，尤其是鼓手的腾空飞跃技巧，给人们以英武、激越的感觉。

安塞的西河口乡与真武洞两地腰鼓最有特色。它们生动地反映了当地群众憨厚、淳朴的气质和性格特征。特别在表演中，又有机地糅合了民间武术和秧歌舞动作，有弛有张、活而不乱，进退有序、气势磅礴、浑厚有力。被赞为"式子慷慨码子硬"。

安塞腰鼓是一种非常独特的民间大型舞蹈艺术形式，具有2000多年的历史。独具魅力的安塞腰鼓像掀起在黄土地上的狂飙，展示出西北黄土高原农民朴素而豪放的性格，张扬出独特的艺术个性。

阅读链接

安塞腰鼓在表演活动中以大鼓为主导，打击乐和吹奏乐则起辅助或填补主导打击空白的作用，渲染气氛。安塞腰鼓的大鼓为指挥。打击乐包括大鼓、大镲、小镲、锣、小锣等。打击乐通过队员动作和所布图案来控制表演动作，达到有起有伏、节奏有序的目的。吹奏乐主要是唢呐，唢呐声音洪亮、圆润、质朴，与腰鼓的击打声协调一致，起到相映生辉的作用。

腰鼓小场表演时，特别是打文鼓时，在一定场合，其他乐器全停下来，此时只由唢呐单独演奏，这就要求腰鼓队员边打边扭，别有一番风趣。

民歌之乡——紫阳

紫阳，位于陕西省南部，地处汉江上游，大巴山北麓，因道教南派创始人紫阳真人张伯端而得名。

在紫阳，民歌藏量极为丰富，所发现曲目总数已达5000多首，体裁包括号子、山歌和小调几大类，其中又包含了社火歌曲、风俗歌曲、宗教歌曲、曲子等不同歌种。由于积蕴深厚、传唱广泛，紫阳被誉为"中国民歌之乡"。

紫阳民歌是陕南地区民歌中最具代表的曲种。它语言形象生动，曲调优美动听，具有鲜明的艺术特色和地方风格，是紫阳人民在长期劳动中创造

■陕西紫阳民歌演唱

《诗经》是我国最早的诗歌总集。最早的作品大约成于西周时期，是我国现实主义诗歌的源头；最晚的作品成于春秋时期中叶。先秦称《诗》，或取其整数称"诗三百"。西汉时被尊为儒家经典，始称《诗经》，并沿用至今。汉代毛亨、毛苌曾注释《诗经》，因此又称《毛诗》。

出来并流传下来的艺术瑰宝。

我国古代最早的诗歌总集《诗经》中《周南》和《召南》部分25首歌谣的流传地主要就在包括紫阳在内的汉水上游。紫阳民歌在朝代更迭的过程中，伴随着人们种种生活习俗的形成发展而逐渐成熟，于明清达到鼎盛。

紫阳民歌分为"山歌""小调""风俗歌曲""花鼓八岔""号子孝歌"等十几个曲种。其音乐风格大多有着较强的抒情性、叙事性和舞蹈性，适于表演动作、表达情节和反映人物复杂感情。

劳动号子是紫阳民歌的基础，而船工号子则是劳动号子的内核，在紫阳民歌中占有非常重要的位置。其风格粗犷豪迈，音调、节奏复杂多变，具有较强的生活气息。

■陕北民歌演唱者

山歌指劳动号子以外的各种山野歌曲，是最能代

表山区特点的民歌。山歌歌词有很多是在劳动中即兴创作的，见景生情，随编随唱，大多是表现爱情的。

小调和山歌一样量大面广，歌词较为固定，其风格特点是曲调细腻流畅，旋律优美动听，节奏平稳细碎，音域较窄，具有较强的叙事性和个人感情色彩。

风俗歌曲是流传较广的民间口头文艺形式，是一种即兴创作歌曲，见啥唱啥，想啥唱啥，是反映紫阳人民生活习俗的歌曲，是紫阳民间举行婚丧嫁娶等各种仪式时所唱的歌曲。

紫阳的青年人谈情说爱时，要唱缠绵热情的"情歌""盘歌"；为老年人办丧事，要唱凄凉、悲哀的"孝歌""送葬歌"；在地里干活儿时，要唱高亢、激越的"号子""锣鼓草"等。

紫阳人迎亲时，一路上，新郎、新娘、迎亲的、送亲的都要唱山歌、吼号子。沿路边村寨，还有拦新娘对"盘歌"的风俗。若遇上"歌迷"，迎亲队伍就停下来，陪新娘对歌。

紫阳农民干"帮帮活"时唱的歌，称"锣鼓草"。"锣鼓草"的演唱方式是由一个人自敲自唱，大伙边劳动，边帮腔。如有人在干活儿时没把草根刨到土面

山歌 主要集中分布在高原、内地、山乡、渔村及少数民族地区。流传极广，蕴藏极丰富。山歌是我国民歌的基本体裁之一。凡是流传于高原、山区、丘陵地区，人们在行路、砍柴、放牧、割草或民间歌会上为了自慰自娱而唱的节奏自由、旋律悠长的民歌。

上，领头的便唱：

> 哎——薅草末薅连根草，一场雨过
> 又活了。烈日下边流大汗，竹篮提水白
> 费劳！

如果大伙都干得快，有人拖在后边，他就唱歌督
促或善意地讥讽几句：

> 哎——大雁飞翔不离群，干活儿就要
> 多鼓劲，莫学地角的癞蛤蟆，一步三停急
> 煞人哟哎！

■陕北民歌演唱者

紫阳人大多是明末清初从湘、皖、赣、豫、闽、粤各地来的移民后裔，因而紫阳民歌具有明显的南方印记，其中有相当一部分直接来源于南方的唱本，如《桑木扁担》《十绣》《倒采茶》等。

紫阳县民间有"山歌无假戏无真"之说，如"报路歌"，是有韵无一定调子，自由唱和的顺口溜。它是遇啥事说啥话，或为助兴，或为鼓劲对答。

紫阳的"对歌会"即"赛

■陕北民歌表演

歌会"，更有意思。有同村"对"的，有邻村之间"对"的。对歌会有"日间会"和"夜晚会"两种。对歌者双方事先只约定时间、地点、参加人数，不论男女老少均可参加。双方除有"歌头""参唱"的人之外，还有看热闹、帮阵助威的。

"日间会"多在山坡上，双方各站一个小山包，面对面地"对唱"。也有在小河、小溪两边隔水对歌。"对歌"多属"盘歌"，有盘问历史、古人、地理、神话的，也有盘问鸟、兽、花、草的。

"夜晚会"常在冬春时节举行。在古庙或宽敞的"公房"里。对歌双方各燃一堆木炭火，男女老少围火而坐，你唱问，我唱答；你唱个英雄，我唱个好汉；你唱名山，我对大川；你唱《刘海戏金蟾》，我唱《洞宾戏牡丹》。唱对如流，此起彼落，赛歌喉、赛智慧，气氛热烈，经常是通宵达旦，歌声不停。

高腔 是汉族戏曲四大声腔之一，是戏曲声腔的统称。高腔原被称为"弋阳腔"或"弋腔"，因为它起源于江西省弋阳。其特点是表演质朴、曲词通俗、唱腔高亢激越、一人唱而众人和，只用金鼓击节，没有管弦乐伴奏。

陕北农民放歌

紫阳民歌流传久远，其歌词借喻巧妙，风趣幽默，有较高的文学价值；所用方言似川、似楚，韵味独具；其旋律优美婉转，高腔唱法中游移于调式音级间的色彩性颤音，唱法具有独特的价值。

此外，紫阳还被称为"中国名茶之乡"。东汉末年，伴随着佛教传入中土，继而传入紫阳，紫阳茶和紫阳茶文化便开始萌芽并逐渐兴盛。

紫阳民歌的传承直接依托于各种民俗活动，反映出丰富的民俗文化内容。紫阳民歌对于丰富中华民族音乐宝库、弘扬中华民族音乐文化有不可低估的作用。

阅读链接

紫阳庙会和社火也是非常有特点的。紫阳自古多寺庙，仅旧县城就有寺庙数十座。因此庙会盛行，名目繁多，诸如观音庙会、老君庙会、祖师庙会、财神庙会等。

紫阳民间社火也叫玩灯，它是舞狮子、龙舞、踩高跷、地蹦子等各种杂耍艺术形式总称。分为出灯、玩灯、卧灯和化灯几个阶段。出灯仪式其实是全部节目的预演；玩灯时，按照一定的节目顺序依次表演，唱词多是以吉祥语编成的顺口溜；每个晚上玩到最后一家时，便卧灯，第二天晚上又从这家开始接着表演；化灯是玩灯活动结束时，把用作表演的灯具集中烧掉，活动结束。

特产之乡

　　我国地域广阔，物产丰富，各地特产更是闻名遐迩，扬名天下。如宜兴的陶器、景德镇的瓷器、石湾的陶塑、菏泽的牡丹、绍兴的黄酒、浏阳的花炮、湘西的织锦等，其品质与同类产品相比，都是特优的。

　　这些特产的产生，有赖于当地独特的自然条件和自然环境，更重要的是，人文环境是其有别于同类产品的关键因素。由于它们都有特殊的发展历程，因而在原料选择、加工方式、使用价值、影响范围等诸方面，具有一定的文化内涵。

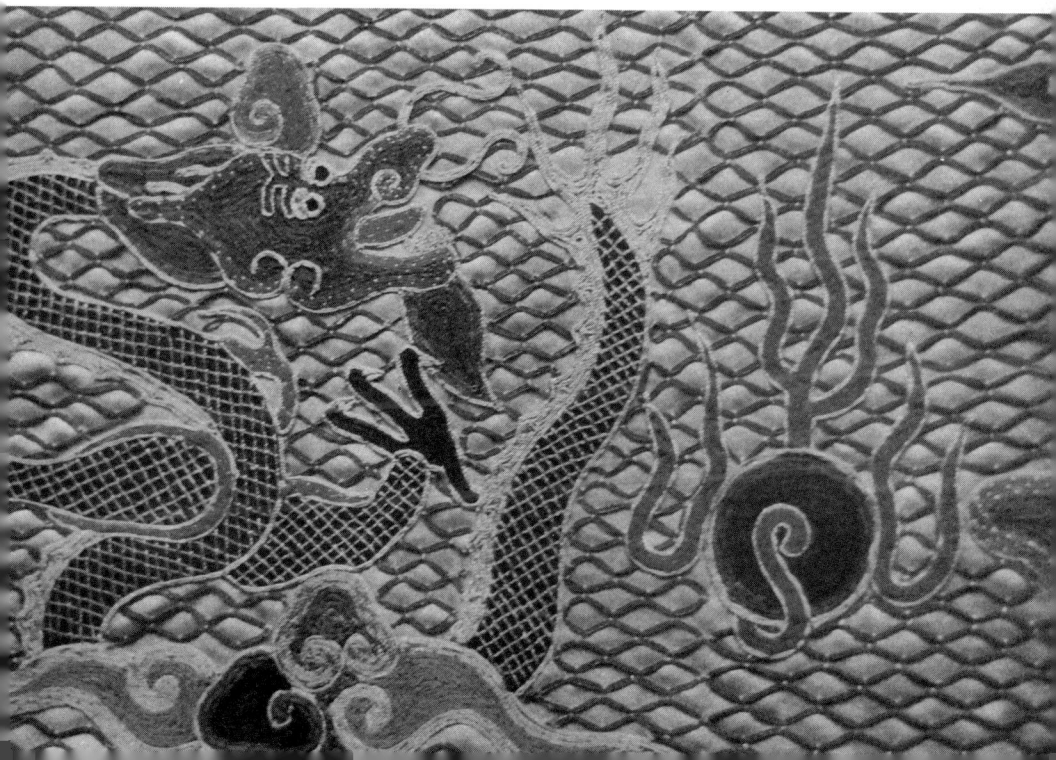

陶器之乡——宜兴

在黄海与东海之滨，苏、浙、皖交界的太湖西岸，有古老而又奇特的名城宜兴。宜兴不仅有悠久的历史和优越的地理条件，还有丰富的陶土资源，所烧制的陶器闻名遐迩，因此被誉为"陶器之乡"。

宜兴陶瓷主要有号称"五朵金花"的紫砂、钧陶、青瓷、精陶和美术彩陶，其中又以紫砂陶器最有特色，也最为著名。一般认为紫砂陶初创于宋代，根据是宋初梅尧臣诗中曾提及它。诗中说道：

太平有象紫砂壶

小石冷泉留早味，
紫泥新品泛春华。

这里的"紫泥新品"似

不应理解为紫砂壶创制
之始，也许只是说自己
用的那一把壶是新得到
的。若这个推想可靠，
紫砂壶或许唐代就已有
了。然而"紫砂"两字
正式见诸文字记载是在
元代，其盛行则是在明
清两代。

　　明代正德年间，陶都出现了一位卓越的匠师供
春，他是从金沙寺僧学到的制壶技艺。金沙寺僧和供
春两人通常被尊为紫砂陶的创始，所谓的"陶壶鼻
祖"，其传世作品有失盖树瘿壶。紫砂壶的制作从金
沙寺僧到供春，大大地跨进一步。

　　明代中期，宜兴陶瓷已成为一种重要商品，无论
艺术陶瓷还是日用陶瓷，均"鬻于四方利再博"。16
世纪晚期至17世纪初期，这一时期名家辈出，壶式千
姿万态，特别注重筋纹器的制作，这种风气延续至18
世纪以后。

　　明代时，供春已创制出"树瘿""龙蛋""印方"
等多种壶式，至明万历间，董翰、赵梁、袁锡、时
朋，制壶有"圆珠""莲房""六瓣圆囊""八瓣扁
菊"和"高把提梁"诸式。

　　明万历时期，时大彬、徐友泉等名师努力探索，
形成了紫砂制作工艺和工具，对紫砂的泥色、形制、
技法、铭刻有相当的研究和杰出的创造，创"汉

钧陶 是陶瓷百
花园中的奇葩，
远在宋代时就著
称于世。钧陶美
在釉色，绚丽多
彩。有蓝钧、红
钧、铜钧、白钧
等数十种，又以
蓝钧秋最为珍
贵，赢得"灰中
见蓝晕，艳若蝴
蝶花"的美称，
具有浓郁的民族
风格和民间艺术
特色。

方"梅花""八角""葵花""僧帽""天鹅""足节"诸壶式。

明崇祯年间，士人倡导浅尝低斟，流行小壶，惠孟臣创小型水平壶，容水60至80毫升。

17世纪晚期至18世纪末，自然形壶、几何形壶、筋纹器和小圆壶这4类壶型都有烧造，筋纹形壶已开始被自然形壶所取代，自然形壶受到欢迎。同时较注重壶面的装饰，更多在壶面施釉或加彩绘装饰。这一时期的代表人物是陈鸣远。

清代初期，宜兴丁山一带已形成"商贾贸易缠市，山村宛然都会"的局面，而紫砂器具更是空前的多。当时的陈鸣远塑镂兼长，善创新样，技艺精湛。

陈鸣远的独到之处是用雕塑装饰与造型相结合，款式书法雅健有晋唐风格，作品类型分布甚广。归纳起来分为3类，即茗壶茶具类、文房案头摆件及像生瓜果类小品，以文房雅玩为最，从而丰富了紫砂陶的造型艺术，发展了紫砂陶的品种。

■宜兴紫砂茶壶

陈鸣远的传世作品在国内外都有收藏。所创款式"岁寒三友""南瓜壶""包袱壶""梅桩壶"等。泥色有黄、白、紫砂、天青、乌黑、桃红、沙白、栗色、朱砂等。

宜兴紫砂壶

清乾隆时期，王南林、杨友兰和陈汉文等，为宫廷制作精细壶器用珐琅彩、堆雕和泥绘装饰，有的饰有乾隆诗句，华丽典雅，风格繁缛。此时壶器装饰，集工艺技法大成，书法、图画、图案，篆刻、浮雕、镂空、镶嵌、彩釉、绞泥、掺砂、磨光，交替使用，因器而异，变化众多。

19世纪初至19世纪末，这个时期文士与紫砂艺人交往甚密，出现了在壶上镌刻书画的风尚。紫砂壶造型比较简单，为在壶的平面上施展才华提供了更大的自由。这一时期的代表人物是陈曼生和杨彭年。

清代嘉庆至光绪年间，是紫砂壶造型艺术发展的转化期，这一时期最突出的代表人物并非陶人而是曾任县宰的文士陈曼生。陈曼生精于书画篆刻，紫砂壶受其影响，风格为之大变，式样渐趋典雅尚古，大多是简单的几何造型，宜于壶面表现书画艺术。

"十八壶式"由名工杨彭年等制作，形制有"石瓢""半瓜""圆珠""合欢""合盘""井栏""传炉""葫芦"等样式，世称"曼生壶"。

当时紫砂壶艺呈现一派气象万千的景象，成为紫砂工艺史上的黄金时代，原因是文人的参与，名士与名士的结合，实际上是热衷文化的艺人与热爱工艺的文人共同创造的。

与杨彭年同时的陶人邵大亨，嘉道间宜兴上岸里人。他年少就享

陶器 是用黏土烧制的器皿。质地比瓷器粗糙，通常呈黄褐色，也有涂上别的颜色或彩色花纹的。新石器时代开始大量出现。陶器的发明是人类文明的重要进程，是人类第一次利用天然物，按照自己的意志创造出来的一种崭新的东西。

有盛名，杨彭年以精巧取胜，而邵大亨则以浑朴见长。他的传世作品有《一捆竹》《鱼化龙》《掇球》《风卷葵》等，皆紫砂精品。

清代的制壶名手除上述的几位外，还有邵友廷、何心舟、陈光明、王南林、陈汉文等，都有过很多杰出的创造，各有不同的风格和艺术特色。

在紫砂陶器中，茶具无疑是最具代表性的。紫砂壶"方非一式，圆不一相"，外形典雅庄重。其线条清晰流畅，比例恰当，如壶之嘴、攀、盖、脚，本身既具优美的造型，又与壶身形成和谐完美的整体。

宜兴紫砂独特的艺术风格，在于其深厚的传统文化的底蕴。其风格可以分为文人风格和宫廷风格，每一种风格中又有不同的名家流派之别。

明清两代参与紫砂艺术品创作活动的文人，差不多有近百人。其中著名者如陈继儒、董其昌、郑板桥、吴昌硕、任伯年等，都是书画大家。他们参与其间，不仅使紫砂工艺精良，制作精致，更有奇巧的构思和浓郁的书卷气息，从而提高了作品的艺术品位。

文人风格的作品以雅、精、文为主，讲究格调，不求华丽繁缛，追求淡雅和思考的并济。与此同时，对艺人的要求也更高了，即制作者必须具备较高的文化素

■宜兴紫砂茶壶

养、扎实的技巧和敏锐的领悟力。可以说，紫砂壶艺文人风格的形成是文人雅士与名工巧匠共同努力的结果。

■清代紫砂陶壶

所谓宫廷风格，最初是指清代一些紫砂壶艺匠人为迎合皇室贵胄和官宦豪权的需要，专事追求富丽奢华的作风，使一种日渐巧妙高雅的壶艺风格流行开来。

宫廷风格注重紫砂器的外表华丽，模仿景德镇瓷器中的彩釉装饰，或在坯胎上手绘、手刻，又佐以金属镶嵌装点，给人以雍容华贵、富丽堂皇的感觉。这与清代康熙、雍正、乾隆时期整个社会比较安定、繁华，执政者崇尚富丽华贵的趣味相投合。

阅读链接

宜兴丁山位于太湖之滨，是一个普通而美丽的小镇。据说有一天，一个僧人出现在镇上，他边走边喊："富有的皇家土，富有的皇家土。"人们都很好奇。僧人发现了村民眼中的疑惑，便又说："不是皇家，就不能富有吗？"有一些有见识的长者，就跟着他一起走，到了黄龙山和青龙山，僧人突然消失了。长者四处寻找，发现好几处新开口的洞穴，洞穴中有各种颜色的陶土。

长者搬了一些彩色的陶土回家，敲打铸烧，烧出了和以前不同颜色的神奇的陶器。一传十，十传百，就这样，紫砂陶艺慢慢形成了。

陶塑之乡——石湾

石湾位于广东佛山禅城区。丰富的自然资源，依山傍水的地理位置，水陆畅达的交通条件，使石湾成为我国岭南重要的陶业基地，被誉为"中国陶艺之乡"。

石湾陶塑是在日用陶器的基础上发展起来的，从石湾东汉墓出土的陶塑可见其艺术雏形。石湾陶塑的发展大致可分为4个时期，唐至明以前为形成发展期，明清时期为鼎盛期，民国时期为低谷期，新中国成立后为全盛新期。

石湾陶塑

石湾陶瓷早在新石器时代晚期的贝丘遗址中已揭开其烧陶的历史序篇，石湾出现大型窑场的历史最迟可上溯唐朝。

在佛山石湾和南海奇石发现的唐宋窑址，发掘出了半陶瓷器，其火候偏低，硬度不高，坯胎厚重，胎质松弛，属较典型的唐代南方陶器。

■ 石湾陶塑弥勒佛

宋代是我国陶瓷极盛时期，整个社会的消费时尚推动了陶瓷业的空前发展。从事陶瓷制作的窑场遍布全国，日用陶瓷、建筑园林陶瓷和艺术陶瓷的品种急剧增多，造型、款式日益翻新，因而后世有"唐八百、宋三千"的赞誉。

陶瓷器生产是宋代经济中最重要的商品生产之一，外销商品中绝大多数是陶瓷器。为适应外销扩大对外贸易，陶瓷业逐渐从内地向沿海的浙江、福建、广东、广西发展。

当时石湾交通便利，陶土比较丰富，因此石湾陶业发展迅猛。官窑水道渐趋淤浅，水运交通中心不得不移至佛山和石湾。

佛山与石湾相连，汾江和东平河直通广州，产品运往广州出口十分便利。台湾一带又有陶泥岗沙，取材方便，于是本来就有陶瓷业基础的石湾便很快发展成为岭南重要陶器生产基地。

宋代石湾生产的日用陶器，造型及装饰手法都注入了艺术表现形式，器形饱满、均衡，线条流畅，富有变化，种类也比唐代丰富得多，有魂坛、堆贴瓦檐

贝丘遗址 古代人类居住遗址的一种，以包含大量古代人类食余抛弃的贝壳为特征。大都属于新石器时代，有的则延续到青铜时代或稍晚。贝丘遗址多位于海、湖泊和河流的沿岸。在贝丘的文化层中央杂着贝壳、各种食物的残渣以及石器、陶器等文化遗物，还往往发现房基、窑穴和墓葬等遗迹。

重叠式矮身陶罐、彩绘花瓶、陶琴等，涉及器皿、文玩、动物、人物等各个陶塑类别。宋代石湾生产的五弦琴，是案头文玩类陶塑的佳作。

宋代石湾陶器的装饰艺术非常重视纹饰。纹样题材广泛，形象丰富，极尽工巧细密，达到了相当高的艺术水平。从石湾宋墓和奇石宋窑中出土的遗物来看，宋代"彩绘花卉颇有写意绘画的笔意，如绘兰草、竹叶，用笔疏朗，情趣盎然"。

此外，还有绳纹、弦纹、波浪纹、瓜棱纹、缠枝花卉纹、二方连续纹等。其中缠枝花卉纹十分精美，花卉蔓草舒展自如，卷曲合度，缠枝的曲、伸、卷、缠都饱含大自然旺盛的生命力。

石湾艺术陶瓷

石湾地处南国一隅，向以生产日用陶器为主，制陶技艺虽然达到了一定水准，但与北方诸名窑比较，要逊色得多，在宋代陶瓷之林中尚无显著地位。

南宋至元，佛山是中原移民的聚居地。他们把北方的陶瓷技艺带到石湾，与石湾原有的制陶技艺相融合，大大地提高了石湾陶器制造水平与艺术水准。因此，则"石湾集宋代各名窑之大成"，定窑、汝窑、官窑、

哥窑、钧窑等诸名窑产品被石湾模仿
得惟妙惟肖，八大瓷系的造型与釉色
之美以及装饰手段也全被石湾消化吸
收，从而成为南国"善仿"为特色的
名窑，特别是以"广钧""泥钧"而
名闻天下。

自明代起，石湾打破了过去单一
日用陶瓷出口的状况。艺术陶塑、建
筑园林陶瓷、手工业用陶器等也不断
输出国外，尤其是园林建筑陶瓷，很
受东南亚人民的欢迎。

明代以后，种类和题材则渐趋广
泛，渔、樵、耕、读、牧、弈、饮、
琴、游、戏乃至拍蚊、搔痒、挖耳等
等百姓日常劳动、生活情景，各类花鸟虫鱼、野兽家
畜与菜蔬瓜果等百姓熟悉的事物，以及达摩罗汉、观
音、寿星、济公、八仙、钟馗、关公等百姓熟悉与喜
爱的神仙人物与历史人物，都在石湾陶塑艺术中得到
真实生动的表现，褒忠贬奸、扶正惩邪、祈福求安、
尊老爱幼等百姓的道德观念与社会态度在石湾陶塑艺
术中得到传神的体现。因此，时人称石湾陶塑题材
"堪称为一部浓缩的中国民俗文化百科全书"。

石湾陶塑技艺具有人文性、地方性、民族性的特
点，在创作上具有独特的艺术风格。"石湾公仔"陶
塑按实物形态可分为人物陶塑、动物陶塑、器皿、微
塑、瓦脊陶塑5大类。以人物造型为代表的"石湾公

■ 石湾陶塑双春细语

汝窑 我国宋代
著名瓷窑，创烧
于北宋晚期，因
其窑址在汝州境
内而得名。以烧
制青瓷闻名，有
天青、豆青、粉
青诸品。汝窑的
青瓷，釉中含有
玛瑙，色泽青翠
华滋，釉汁肥润
莹亮，被历代称
颂，有"宋瓷之
冠"美誉，又与
同期官窑、哥
窑、钧窑、定窑
合称"宋代五大
名窑"。

■ 石湾窑和合二仙像

仔"陶塑形神兼备，它吸收各种文化艺术精华，高度写实和适度夸张相结合，兼有生活趣味和艺术品位，形成了鲜明的地方风格。

其制作工艺有构思创作、泥料炼制、成形、装饰、上釉、龙窑煅烧6个环节，其中煅烧的火候全凭师傅的心得体会。龙窑的上中下有高、中、低3种火，分别用于移动烧制物品的不同部位，只有技艺娴熟的工匠才能把握。

作为民窑，石湾一直面向广大民众，因此，陶塑艺术均以实用为原则，并将秀美与实用结合在一起，有着明显的装饰特色。石湾陶塑艺术与建筑的关系尤为密切，为了适应祠堂、庙宇和一些建筑的装饰需要，花盆、鱼缸、花座、花窗、影壁等制作艺术得以发展。为了满足宗教活动需要，石湾大量制作了偶像、门神。石湾后来的观赏、玩赏类陶塑艺术是从实用性很强的准艺术脱胎而来的，所以也带有实用性的痕迹。

石湾陶塑工艺的第一特色是造型生动传神，产品不论人物、动物或器皿的刻画，都致力于艺术典型化的塑造。每件作品都有鲜明的个性特征。各种造型达到了"百物百形，千人千面"的艺术境界，较少雷同化，对物象的刻画细致入微，因此形象构相如生。

祠堂 最早出现于汉代，当时均建于墓所，曰墓祠；南宋朱熹《家礼》立祠堂之制，从此称家庙为祠堂。当时修建祠堂有等级之限，民间不得立祠。到明代嘉靖"许民间皆联宗立庙"，后来倒是做过皇帝或封侯过的姓氏才可称"家庙"，其余称宗祠。

自明清以来，历代石湾艺人们塑造了数以百次的屈原、钟馗和关公的形象，面貌长相，大同小异，各具特色，绝无相同。这是艺人们各自强调自己的艺术理解，形成自己风格，而不互相抄袭照搬的缘故。这种造型方法，正是石湾陶塑工艺的优良传统。

石湾陶塑的第二个特点是胎釉浑厚朴实。它有胎壁厚、釉层厚的古雅厚重的特色。传统的釉色有70多种，加上之后首创的12种结晶釉，共有90多种釉色。这近百种釉色为石湾陶塑艺术增添了五彩斑斓的艺术美感。石湾的名釉品种繁多，有很高的欣赏价值和科学成就，如《石榴红》《翠毛釉》《天目》和《东瓜皮》等，在国内享有名望。

由于石湾制釉采用本地原料为主，并有自己一套烧制技术，各种釉色均有突出的地方特色。陶器胎土的使用方面，石湾的红、白陶土混合使用，成了区别于国内外其他产区的主要标志。由于造型和釉色互相

影壁 也称照壁，古称萧墙，是我国传统建筑中用于遮挡视线的墙壁。可位于大门内，也可位于大门外，前者称内影壁，后者称外影壁。形状有"一"字形、"八"字形等，通常是由砖砌成，由座、身、顶3部分组成，座有须弥座，也有简单的没有座。

■ 清代陶塑

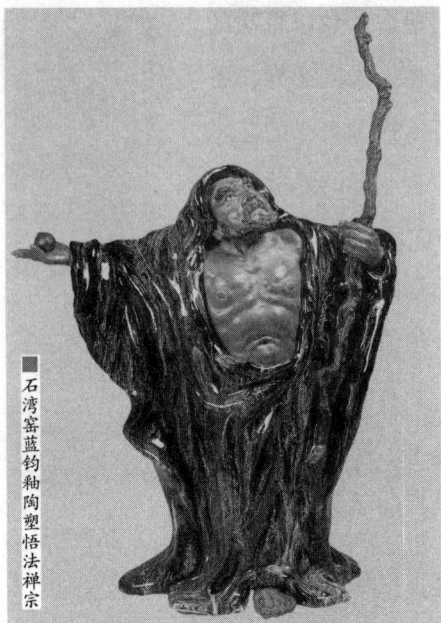
石湾窑蓝钧釉陶塑悟法禅宗

配合，使产品有深邃的艺术境界，耐人寻味。

技法多姿多彩，是石湾陶塑的第三个特色。石湾陶塑产品生产的成型技法上，根据普及品的不同要求，适当采用了注浆成型技法，既保留了传统的手工特色又满足了大批生产的要求。

在产品的造型技法上，继承和发展了传统的刀塑、按塑、捏塑、贴塑4种方法，使各种造型具有气韵生动的艺术效果。

在产品的施釉技术方面，也是多法并用，经常采用的上釉方法有：搽、挂、挡、泼、滇、刮、雕等10多种按法，各种单色釉和复色釉都要求有艺术效果的大统一和小变化，因此，窑变也是石湾美术陶瓷工艺产品的一个主要特色。

阅读链接

南风古灶位于广东石湾古镇东平河畔，建于明代正德年间，是我国最久远、保存最完好且使用至今的最古老龙窑。

传说南风灶在明代正德年间建成之后，开始烧了第一窑。由于该窑灶是从原来的龙窑进行了改进，开窑出来的陶器产品出现了前所未有的好质量。陶工们欢呼雀跃。这时有一乞丐也凑近人群，人们便随手捡个小盆子给他，此后他就用这个盆子乞食。他乞来的食物多，当天吃不完，就存放在盆子里，第二天，这些残菜剩饭居然不会馊臭变质。连续每天都这样，他把那盆子视为至宝。这事传开之后，人们都说石湾陶器有宝气。

牡丹之乡——菏泽

　　菏泽，古称曹州，素有"雄峙烈郡""一大都会"之誉。1735年，清雍正皇帝将曹州升州为府，设附郭县，赐名"菏泽"。

　　菏泽历史悠久，文化底蕴深厚，是我国著名的牡丹之乡。同时也是武术之乡、书画之乡、戏曲之乡和民间艺术之乡。

■清代张熊作品《牡丹图》

七寶裝成難著手
花相見惣低頭
子祥愲

武则天（624—705），名武曌，并州文水人。我国历史上唯一的正统的女皇帝，也是即位年龄最大、寿命最长的皇帝之一。她重视延揽人才，首创科举考试的"殿试"制度，而且知人善任，能重用狄仁杰、张柬之等中兴名臣，为其孙唐玄宗的"开元之治"打下了长治久安的基础。

牡丹原产于我国西北部，多野生于秦岭和陕北山地。在我国栽培历史悠久，南北朝时已成为观赏植物。唐时盛栽于长安，宋时称洛阳牡丹为天下第一，故牡丹又名洛阳花。同时，牡丹还有一个美丽的传说故事。

相传唐时，一个冰封大地的寒冷天气，武则天到后苑游玩，只见天寒地冻，百花凋谢，万物萧条，心里十分懊恼：若一夜之间，百花齐放，该多好，以我堂堂武则天之威，想那百花岂敢违旨！

想到这儿，她面对百花下诏令道："明朝游上苑，火速报春知，花须连夜发，莫待晓风催！"

武则天诏令一出，百花仙子惊慌失措，聚集一堂商量对策。有的说："这寒冬腊月要我们开花，不合时令，怎能办到？"

有的说："武后的圣旨怎么能违背呢？不然，一定会落个悲惨的下场。"

众花仙默然，她们都目睹过武则天"顺我者昌，

■ 菏泽牡丹园

逆我者亡"的种种行为，怎么办呢？第二天，一场大雪纷纷扬扬从天而降，尽管狂风呼啸，滴水成冰，但众花仙还是不敢违命。只见后苑中，五颜六色的花朵真的顶风冒雪，绽开了花蕊。

武则天目睹此情此景，高兴极了。突然，一片荒凉的花圃映入眼帘，武则天的脸一下子沉了下来，"这是什么花？怎敢违背朕的圣旨？"大家一看，原来是牡丹花。

武则天闻听大怒："马上把这些胆大包天的牡丹逐出京城，贬到洛阳去。"谁知，这些牡丹到了洛阳，随便埋入土中，马上就长出绿叶，开出的花朵娇艳无比。武则天闻讯，气急败坏，派人即刻赶赴洛阳，要一把火将牡丹花全部烧死。

无情的大火映红了天空，棵棵牡丹在大火中痛苦地挣扎、呻吟。然而，人们却惊奇发现，牡丹虽枝干已焦黑，但那盛开的花朵却更加夺目。牡丹花就这样获得了"焦骨牡丹"的称号，牡丹仙子也以其凛然正气，被众花仙拥戴为"百花之王"。从此以后，牡丹就在洛阳生根开花，名甲天下。

自明代开始，牡丹种植中心移至曹州。菏泽栽培的牡丹，也称曹州牡丹和曹南牡丹。《曹南牡丹谱》

■ 清任伯年画《牡丹图》

圣旨 是我国封建社会时皇帝下的命令或发表的言论。材料均为上好蚕丝制成的绫锦织品，图案多为祥云瑞鹤。其轴柄质地按官员品级不同：一品为玉轴，二品为黑犀牛角轴，三品为贴金轴，四品和五品为黑牛角轴。

《聊斋志异》
简称《聊斋》，俗名《鬼狐传》，是我国清代著名小说家蒲松龄的著作。书共有短篇小说491篇。题材非常广泛，内容极其丰富。成功地塑造了众多的艺术典型，人物形象鲜明生动，故事情节曲折离奇，结构布局严谨巧妙，文笔简练，描写细腻，堪称中国古典短篇小说之巅峰。

载："至明，而曹南牡丹甲于海内。"明万历年间进士谢肇淛在《五杂俎》中写道：

余过濮州曹南一路，百里之中，香气迎鼻，盖家家圃畦中俱种之，若蔬菜然。……在曹南一诸生家观牡丹，园可五十多亩，花遍其中，亭榭之处，几无尺寸隙地，一望云锦，五色夺目。

清光绪年间的《菏泽县志》称：

牡丹、芍药各百余种，土人植之，动辄数十百亩，利厚于五谷。每当仲春花发，出城迤东，连阡接陌，艳若蒸霞。

以上记载，真实生动地描述了菏泽"家家植牡丹，户户飘花香，大地铺锦绣，彩霞自天降"的景象。

不仅如此，明时曹州牡丹名园已星罗棋布。如"凝香园""万花村""张花园""巢云园""郝花园""毛花园""赵花园""桑梨园""铁藜寨花园"等不下10多处。

■ 菏泽娇艳牡丹

■ 菏泽牡丹园

明人描述：各园主"雅歌投壶，认客所适……夜色皓月，照耀如同白昼，欢呼谑浪，达旦给归，衣上系香，经数日而不散也"。清蒲松龄在《聊斋志异》中还把曹州牡丹珍品"葛巾紫""玉版白"神话为仙女，写出了脍炙人口的名篇《葛巾》。

花大、型美、色艳，是菏泽牡丹的显著特点。古人曾用"花在盈尺"，形容其大；"千片赤英霞烂烂，百枝绛点灯煌煌"描述其形貌瑰丽。

在我国牡丹的大家族里，菏泽牡丹传统上分3类、10型和9大色系。

菏泽牡丹的3类是单瓣、复瓣、千瓣。单瓣类，花大如盘；复瓣类，花瓣清晰；千瓣类，花瓣重叠繁密。菏泽牡丹的10型是荷花型、菊花型、金蕊型、蔷薇型、金环型、托桂型、千层台阁型、楼子台阁型、

知府 官名。宋代至清代地方行政区域"府"的最高长官。唐以建都之地为府，以府尹为行政长官。宋升大郡为府，以朝臣充各府长官，称以某官知某府事，简称知府。明以知府为正式官名，为府的行政长官，管辖所属州县。清沿明制不改。又尊称太守、府尊，亦称黄堂。

菏泽牡丹仙子雕像

皇冠型和绣球型。

菏泽牡丹的9大色系是红、白、黄、黑、粉、紫、蓝、绿和复色。

红色花系，是牡丹园的大家族，品种多达200余个，其中还有深浅之分。如"一品朱衣"，猩红欲流，芳冠百花；"春红娇艳"，朝霞藏日，光彩陆离；"红绣球"，深浅相间，胭脂染成。

黄色花系，如"姚黄""金玉交章"，端庄典雅，姿貌绝伦。

白色花系如"冰壶献玉""昆山夜光""玉板白"等素洁无瑕，清爽袭人。

蓝色花系虽不如红色品种多，但却也姐妹成群。"蓝宝石""蓝花魁""紫蓝葵""吊枝蓝""冷光蓝""蓝田玉"，都是牡丹之中的上品。

"蓝田玉"就是清代曹州花农赵玉田精心培育而成的。此花枝形开张，花蕾圆大，花开时呈浅粉蓝色，花朵直上，蓝光闪闪，非常惹人喜爱。当时，曹州知府马帮举对此花大加赞赏，曾亲笔题写"似兰如松"匾牌授予了赵玉田。

粉色花系也是牡丹园里一大分支。"粉彩球""粉容面""粉翠球""赛斗珠""翠娥娇""青龙卧粉池"，这些都是牡丹花中名品。再如"赵粉"，稍弯曲的枝干，粗壮的花梗，黄绿色的叶面，圆尖型的花蕾，侧开、大型的花朵，细腻整齐的花瓣，发出阵阵清香，分外诱人。

紫色花系在菏泽牡丹品种繁多，除魏紫外，还有"葛巾紫""紫金盘""紫霞点金""邦宁紫"等。"邦宁紫"，就是明代曹州花农赵邦宁多年心血的结晶。

绿色、黑色和复色花系，如"兰绿""冠世墨玉""二乔"等，均是色奇出众，别有千秋。

各色都数十个或上百个品种，可谓千姿百态，各俱风韵。在菏泽牡丹不断发展和壮大进程中，给后人留下了许多脍炙人口的美丽传说，如花魁传说故事。

相传，菏泽有个青年花农，做梦都想着能把"花魁"的金匾挂在自己的门口。百花仙子告诉他，你如果真有志气，就要到黄河滩上取土，到东海汲水，花魁才能属于你。

说完，百花仙子从头发上拔下碧玉丢在地上，那玉绿光一闪，就不见了。青年花农跋山涉水，历经磨难，终于在玉入土的地方培育出一株绿牡丹，夺得了"花魁"金匾。这样，豆绿也就成了牡丹中的珍品。

除山东菏泽外，重庆垫江和四川彭川也有牡丹之乡之说。彭州又名天彭，位于成都平原西北，蜀中膏腴之地，物华天宝，民殷物阜，素有"花州"之称。

天彭牡丹因其发源地丹景山麓湔江口天彭门而出名，人工栽植观赏始于唐，至宋就与洛阳牡丹齐名，大诗人陆游《天彭牡丹谱》云："牡丹在中州，洛阳为第一；在蜀，天彭为第一。"当

陆游 （1125—1210），字务观，号放翁。南宋诗人、词人。其一生笔耕不辍，遗存9000多首作品，内容极为丰富。与王安石、苏轼、黄庭坚并称"宋代四大诗人"，又与杨万里、范成大、尤袤合称"中兴四大诗人"。著有《剑南诗稿》《渭南文集》《南唐书》《老学庵笔记》等。

■菏泽牡丹

时彭州就享有"牡丹乡"之美名。南宋时期独领风骚，彭州成为当时"中国牡丹的栽培中心"。

天彭牡丹的特点是园艺化程度高，花型演化程度高，高度重瓣化，有的花瓣可多达880余瓣，花径甚至大到35厘米，植株较高大，浅根系，耐湿热，适宜于多雨湿热地区栽培。在观赏上，尤以天然野趣独步天下。

垫江牡丹系华夏牡丹之源，从西汉武帝年间种植开始，已有近3000年的种植历史，在辽阔的神州大地有"华夏牡丹源"之说。

据传，东晋画家顾恺之游垫江，第一次看到国色天香的牡丹花后，惊叹不已，回到京都创作了《洛神赋图卷》，开创了我国牡丹花入画的历史先河，被皇室列入珍品加以收藏。

垫江牡丹花型大，花姿美，花期长，其花色有大红、粉红、白色等，品种有太平红、千层香、悠山艳、罗坚红、长康乐等。

阅读链接

唐玄宗李隆基喜爱牡丹，其贵妃杨玉环宠爱牡丹，都城长安的沉香亭畔和行宫骊山等处均种植有名贵牡丹，这对牡丹的发展起到了积极的推动作用。唐玄宗召洛阳花师宋单父在骊山种植牡丹万余株，色样各不同。

有一次，唐玄宗和贵妃杨玉环在沉香亭前赏牡丹，命大诗人李白进《清平调三首》，处处把牡丹和杨贵妃相喻，花即人，人即花，名花、美人相得益彰，"名花倾国两相欢，常得君王带笑看"。唐玄宗大喜。唐玄宗还把牡丹赐给宠臣，以示皇恩浩荡。

黄酒之乡——绍兴

　　黄酒为世界三大古酒之一，源于我国，唯我国有之，可称独树一帜。黄酒产地较广，品种较多，著名的有绍兴加饭酒、福建老酒、江西九江封缸酒、江苏丹阳封缸酒等。但是，最能够代表我国黄酒特色

■绍兴黄酒

绍兴黄酒酒坛

的，首推绍兴酒。正因为如此，绍兴被誉为"中国黄酒之乡"。

绍兴黄酒是我国一种营养丰富的低酒度饮料，它是中华民族传统的瑰宝，素有"液体面包"的美称。绍兴酒有着悠久的历史，从春秋时的《吕氏春秋》记载起，历史文献中绍兴酒的芳名屡有出现。

最早以绍兴地名作为地方名酒之名的当推南朝梁元帝萧绎所著的《金缕子》，书中提到"银瓯一枚，贮山阴甜酒"，其中山阴甜酒中的山阴即绍兴。

晋代嵇含所著笔记《南方草木状》中第一次提到了"女酒"，也可知道当时酿酒已普及家庭中。嵇含为今上余人，此"女酒"即后来声名鹊起的"花雕酒"的前身。唐代的绍兴酒，其名气不及当时的浙江乌程的若下酒，但不像若下酒在宋以后便销声匿迹。

在唐代，绍兴酒以其独特的地方魅力，仍然吸引着无数的名人墨客、名人志士，"酒八仙"之首的贺知章、"诗仙"李白等都曾在越地留下了不少对越酒的吟咏和高歌。

绍兴酒到宋代才定名，宋以前绍兴一直是越国越州的都城，州治，下辖会稽、山阴等郡县，到1131年南宋皇帝赵构以"绍万世之宏休，兴百王之不绪"之

《吕氏春秋》
亦称《吕览》，是秦国丞相吕不韦，集合门客们共同编撰的一部杂家名著。成书于秦始皇统一天下前夕。《吕氏春秋》共有12纪、8览、6论，注重博采众家学说，以儒、道思想为主，并融合进墨、法、兵、农、纵横、阴阳家等各家思想。

义，改年号为绍兴元年。当时越州官吏军民僧道士联合上表，乞赐府额。赵构即升越州为绍兴府，取"承继前业，振兴昌盛"之意，绍兴之名由此而来。

由于绍兴酒业的兴盛，各种酒名也在这一时期大量出现，如"竹叶青""瑞露酒""蓬莱春""堂中春"等。

明清时期，可算得上绍兴酒发展的第一高峰，不但花色品种繁多，而且质量上乘，确立了我国黄酒之冠的地位。

当时绍兴生产的酒就直呼绍兴，到了不用加"酒"字的地步，特别是清代设立于绍兴城内的沈永和酿坊，以独创的"善酿酒"享誉海内外，康熙年间的"越酒行天下"之说即是当时盛况的最好写照。

清末，绍兴酒声誉远播中外，在美国旧金山举办的巴拿马太平洋万国博览会，"云集信记"酒坊的绍兴酒获得金奖。

绍兴酒之所以闻名于海内外，主要在于其优良的品质。清代诗人、散文家袁枚《随园食单》中赞美：

绍兴酒如清官廉吏，不掺一毫假，而其味方真又如名士

■ 发酵后的成品酒等待包装

耆英,长留人间,阅尽世故而其质愈厚。

清代中期的烹饪书《调鼎集》中,把绍兴酒与其他地方酒相比认为:

> 像天下酒,有灰者甚多,饮之令人发渴,而绍酒独无;天下酒甜者居多,饮之令人体中满闷,而绍酒之性芳香醇烈,走而不守,故嗜之者为上品,非私评也。

《调鼎集》还对绍兴酒的品质作了"味甘、色清、气香、力醇之上品唯陈绍兴酒为第一"的概括。可见,绍兴酒的色香味格已在酒类中独领风骚。

绍兴黄酒品种甚多,著名的有元红酒、加饭酒、花雕酒、善酿酒、香雪酒等。花雕酒又名"女儿酒",说起这个名字,还有一个故事呢!

从前,绍兴有个裁缝师傅,娶了妻子就想要儿子。一天,他发现妻子怀孕了,高兴极了,兴冲冲地赶回家去,酿了几坛酒,准备得子时款待亲朋好友。不料,他妻子生了个女儿。

当时,社会上的人都重男轻女,裁缝师傅也不例外,他气恼万分,就将几坛酒埋在后院桂花

■黄酒酒瓶

树下了。光阴似箭，女儿长大成人，生得
聪明伶俐，居然把裁缝的手艺都学得非常
精通，还习得一手好绣花，裁缝店的生意
也因此越来越旺。

　　裁缝觉得这个女儿还真不错，于是决
定把她嫁给最得意的徒弟，高高兴兴地给
女儿办婚事。成亲之日，摆酒请客，裁缝
师傅喝得很高兴，忽然想起了十几年前埋
在桂花树底下的几坛酒，便挖出来请客。

　　结果，一打开酒坛，香气扑鼻，色浓
味醇，极为好喝。于是，大家就把这种酒
叫为"女儿酒"，又名"女儿红"。

■绍兴"女儿红"酒

　　此后，隔壁邻居，远远近近的人家生了女儿时，就酿酒埋藏，嫁
女时就掘酒请客，形成了风俗。后来，连生男孩子时，也依照着酿
酒、埋酒，盼儿子中状元时庆贺饮用，所以，这酒又叫"状元红"。

　　"女儿红""状元红"都是经过长期储藏的陈年老酒。这酒实在太
香太好喝了，因此，人们都把这种酒当名贵的礼品来赠送了。

阅读链接

　　浓浓的黄酒中渗透着无数名人趣事美谈，最令人称道的当
属"曲水流觞"这一千古风雅酒会。

　　东晋永和年间的353年，大书法家王羲之和当时名士谢安、
孙绰、许询、支道等42人在会稽兰亭举行了一场别开生面的诗
歌会，曲水流觞，即兴赋诗。王羲之更是乘着酒兴写下名震千
古的《兰亭集序》。传说王羲之后来多次书写都不能达到原来
的境界，这不仅表明艺术珍品需在天人合一的环境下造就，也
在一定程度上表明了酒的神力。

花炮之乡——浏阳

浏阳，位于湖南东北部，因县城位于浏水之阳而得名。浏阳制作烟花鞭炮，久负盛名，素有"鞭炮之乡"誉称。浏阳花炮与中国古老的民俗一度结下不解之缘。

每逢民间传统节日，如春节、元宵节，或各种庆典晚会，人们便

■放鞭炮的孩童塑像

争放鞭炮烟花以示喜庆。烟花的结构新颖，装潢美观，燃放时，绚丽多彩，有声有色，能给人以清新舒畅，欢快旷达的感受。

特别是夜间燃放，五彩缤纷，或飞腾于天空，令人目不暇接，因此被赋予"浏阳花炮震天下"的美名。

历史上对鞭炮的起源曾有很多记载，传说爆竹的发明者为唐代的李畋，被奉为鞭炮业的祖师。据唐代的《异闻录》记载：

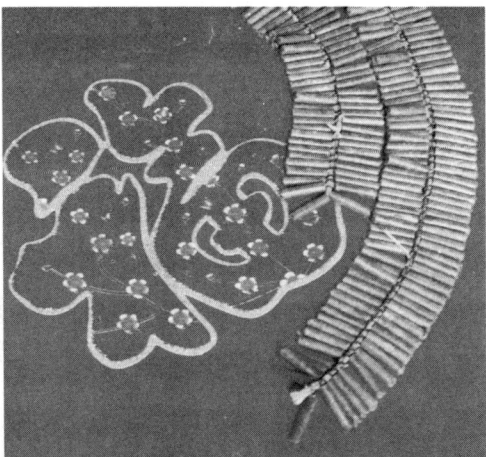
■浏阳花炮

李畋居中，邻人仲叟家为山魈所祟，畋命旦夕于庭中用竹著火中，鬼乃惊遁，至晓，寂然安贴。

看来，最早的"爆竹"大抵是经火烧竹子所发出的爆裂之声；待火药发明之后，才有了纸卷爆竹。

浏阳花炮作为最具代表性的爆竹种类，产生于唐宋时期，包括鞭炮和烟花。

花炮与焰火的制造源于别出心裁的燃放爆竹的方式，如将未燃的爆竹掰开，断口处的黑硝见火则喷出一股火焰，将相连的一圈折断的鞭炮引燃，会爆出一团蓝色的火焰，让一颗颗小小的火花漫腾起来，炸出来的情趣是多姿多彩的。

火药 又被称为黑火药，是我国四大发明之一。火药的研究始于古代炼丹术。隋代时，诞生了硝石、硫黄和木炭三元体系火药。黑色火药在唐代时候正式出现。火药的最初使用并非在军事上，而是在宋代诸军马戏的杂技演出，以及木偶戏中的烟火杂技药发傀儡。

浏阳花炮摊雕塑

龙王 是神话传说中在水里统领水族的王，掌管兴云降雨。龙王信仰在古代颇为普遍，是古代百姓最欢迎的神之一。佛教传入我国，佛经中称诸位大龙王"动力与云布雨"。唐宋以来，帝王封龙神为王。从此，龙王成为兴云布雨，为人消灭炎热和烦恼的神，龙王治水则成为民间普遍的信仰。

置于容器中盖着炸，声音瓮声瓮气；丢在水里炸，会炸得孩子满脸泥水，满脸傻笑。放鞭炮的花样，名目繁多，往空中一甩为"冲天爆"，将爆竹裹在泥团里扔在空中，泥雨四溅者名曰"龙王送雨"，将点燃的鞭炮丢进水塘，水花四溅，曰"蕴着发"。

这些别出心裁的燃放方式所引发的想象，已具有了花炮和焰火的雏形。自然，制造花炮主要还是满足官府庆典的需要。

传说清雍正皇帝登基时，为改元正朔，要在元年元宵佳节燃放响炮、花炮，传旨鞭炮行业，要创新花上京。其时浏阳官吏诚惶诚恐，四处张贴告示，广纳良才，并指令鞭炮能手李泰限期创出新花进贡，致使李泰寝食不安。

有一天，李泰路过铁匠铺，见锤下星火四射，有长有短，有红有白，有粗有细，有粒有丝，顿生灵感。随后李泰扫了一些铁屑，回到家中把其锤得粉碎，再掺以火药和米汤搅和在一起。铁砂、火药拌和得大小粗细不等，再以黑硝作动力，装于底部导火线处。于是，便造出了喷射花色形态各异、或梅或菊的花朵来。

待李泰的新花在紫禁城上空高升钻天，落下缤纷的花雨，雍正皇帝看得眼花缭乱。从此，浏阳便享有"花炮之乡"的美名。

浏阳花炮的生产采用传统的手工技艺，使用就地取材的土纸、土硝、硫黄、炭末、红白泥土等作为加工原料，总共有12道流程、72道工序。

浏阳花炮的品种名目繁多。按燃放效果分，主要有13大类：喷花类、旋转类、火箭类、小礼花类等；具体又可分为冷光烟花、礼花弹、盆花、电光花、舞台烟花、冷焰火、瞬间烟花、火炬烟花等3000多种。

另外，浏阳生产的大型烟花，主要供大型焰火晚

■孩童放鞭炮雕塑

浏阳「礼花弹」爆炸瞬间

会欣赏而制造。主要种类有"焰火字幕""礼花弹""火箭""架上烟花"几种，每年都有数十至上百个品类、规格。

其中，冷光烟花又称冷焰火、冷烟花，无毒无味，燃点低，燃放时甚至可用手触摸，是最流行的烟花产品。此类烟花在各种喜庆婚庆晚会、庆典、舞台表演、焰火晚会中大受欢迎，是一种美观实用的喜庆礼仪用品。

玩具烟花是以其色彩、音响、运动和烟雾造型取胜，被外商誉为"有声有色"的好烟花。如"全家乐"就以其特有的声、色组合受到人们的喜爱，可谓浏阳花炮，纵横驰骋，响彻四方。

此外，浏阳又被称作夏布之乡。浏阳夏布，又叫苎麻布，是驰名中外的传统产品。据地方志记载，以苎麻、大麻为原料的浏阳夏布，曾以织工精巧、质地特别细腻而称雄于世，明代即被列为朝廷贡品，历来有杭州纺绸换浏阳夏布之说，清中叶已负盛名。

阅读链接

相传在1400年前，南川河两岸时闻有人被山魈所害，连唐太宗李世民都被惊扰得龙体不安，遂下诏全国求医。出生于湖南浏阳南乡大瑶的李畋费尽苦心研制出爆竹，它不仅用来驱祟辟邪，保护一方平安，更为太宗驱镇邪魅。李畋救驾有功，因此被唐太宗敕封为"爆竹祖师"。

我国烟花爆竹的诞生发展过程，充分体现了以"爆竹祖师"李畋为代表的我国古代劳动人民的无穷智慧，展示了我国民族传统文化的博大精深。

织锦之乡——湘西

特产之乡

　　湘西位于湖南西北部，云贵高原东侧的武陵山区，素为湘、鄂、渝、黔咽喉之地。湘西物华天宝，资源丰富。其中，湘西酉水流域土家族地区是土家锦的原生地和最后一块热土，也是全国土家族中仍保

■唐代织锦

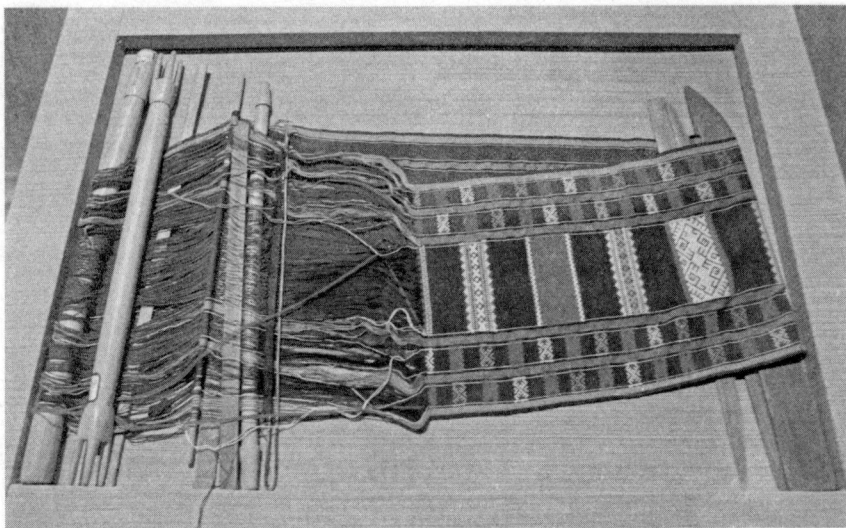

■ 土家族织锦

腰机 原始的织机是席地而坐的。它没有机架，卷布轴的一端系于腰间，双足踏住另一端的经轴并张紧织物，用分经棍将经纱按奇偶数分成两层，用提综杆提起经纱形成梭口，以骨针引纬，打纬刀打纬。腰机织造最重要的成就就是采用了提综杆、分经棍和打纬刀。我国古代腰机是现代织布机的始祖。

留民间织造风尚的唯一区域。

土家织锦，就是土家姑娘用一种古老的腰机，以棉纱为经，以五彩丝线或棉线为纬，用手工织成的艺术品。土家锦以独特的方式蕴含着本民族的文化心理和不同时代的文化积淀，充分展示了中华民族文化的创造力。因此，湘西被誉为"土家锦之乡"。

湘西土家族织锦技艺历史悠久，自成形以来已有1500多年的历史，体现了我国少数民族织锦技艺体系的基本特征。

土家织锦历史悠久，源远流长，至少可以上溯到4000多年前的古代巴人时期。作为土家族先民的古代巴人，除从事农业生产外，还善于纺织，其"桑蚕、麻"成为贡品。据史籍记载，"禹会诸侯于会稽，执玉帛者万国，巴蜀往焉"。

秦汉时期，土家族地区的纺织业有所发展，土家先民以纺织品交纳赋税。《后汉书·西南蛮夷传》记载，"武陵蛮织绩木皮，染以草，衣裳斑斓。"

三国时期，在蜀国丞相诸葛亮"今民贫国虚，决敌之资唯仰锦耳"的决策下，土家族人民逐步掌握了汉族先进的染色技术，编织出五彩斑斓的"土锦"。

唐宋时期，随着土家族地区与汉族经济交流的增多，土家族地区的纺织业有了发展，出现了"女勤于织，户多机声"的社会风气。当时土家族的"土锦"，被汉人称为"溪布""峒布"或"峒锦"。

元、明、清土司时期，湖南、湖北土家先民用丝、棉织峒锦、峒被、峒巾、色彩斑斓，"作鹤、凤、花鸟之状"。《大明一统志》载："土民喜服五色斑衣。"

在土家族的织锦品种中，西兰卡普是上乘的织锦，为朝廷贡品，图案多达200多种。它是以丝、棉、麻、毛线等为原料，一般以红、蓝、青色棉线为

诸侯 源自分封制，最迟可以追溯到西周时期。当时土地和连同土地上的人，分别授予王族、功臣和贵族，让他们建立自己的领地，拱卫王室。封国的面积大小不一，封国国君的爵位也有高低。诸侯必须服从周王室，按期纳贡，并随同作战，保卫王室。

■龙纹织锦缎

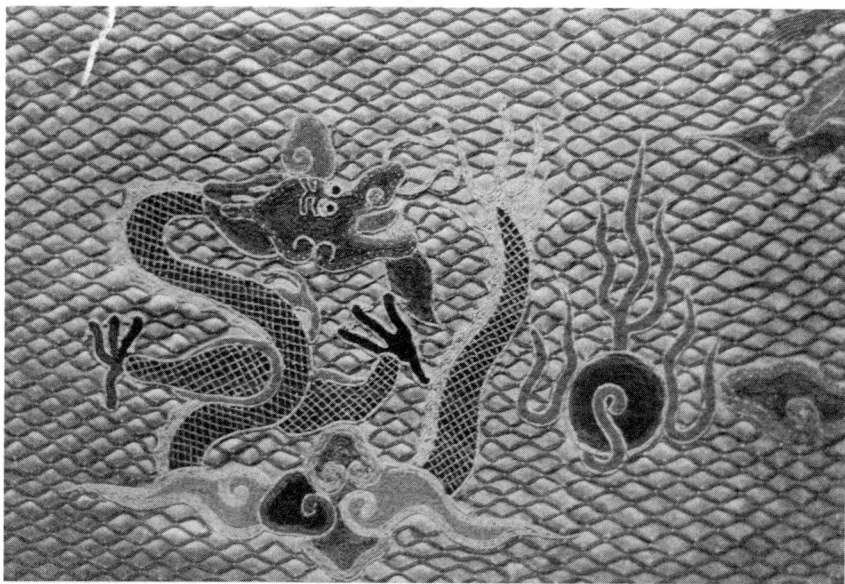

改土归流 指改土司制为流官制。清雍正年间1726年，大臣鄂尔泰大力推行改土归流政策，即由中央政府选派有一定任期的流官直接管理少数民族地区的政务。改土归流有利于消除土司制度的落后性，同时加强中央对西南一些少数民族聚居地区的管辖。

经线，自由选择各色棉线、丝线或者毛线作纬线，用古式木织机、挑花刀，采取通经断纬反面挑织的方法手工挑织而成。

明清时期，西兰卡普工艺进一步发挥，西兰卡普被称作"土锦""花布"等，且大量用于服饰，逐渐形成独特的织锦程序。

清康熙、乾隆时期实行改土归流后，土家族西兰卡普的挑织技艺进一步提高，尤其是土家族姑娘，从小便随其母亲、姐姐操习挑织技艺。姑娘长大出嫁时，还必须有自己亲手编织的西兰卡普作陪嫁品，以及婚后生小孩摇篮里的小儿被面、盖裙、背袋等物，都得姑娘亲手编织。因而这种工艺得以发扬光大。此后，这种织锦技艺代代相传。

土家锦俗称"花"，主要有西兰卡普和花带两大

■土家族织锦

品种。其中西兰卡普最具代表性和典型性。西兰卡普最醒目的艺术特征是丰富饱满的纹样和鲜明热烈的色彩。

西兰卡普的图案题材广泛，内容几乎涉及土家人生活的方方面面，基本定型的传统图案已达200多种，有花鸟鱼虫、山川景物和吉祥的文字，还能织出民间故事、寓言等画面，题材选用与土家人生活和习俗有着密不可分的联系。

西兰卡普的图案纹样包括了自然物象图案、几何图案、文字图案各个大类。这些装饰纹样的风格，是在原始的几何纹、汉代的云气纹、唐代的牡丹、元代的松竹梅、明代的串枝莲等各历史时期的典型图案基础上，经艺术变形、技术处理挑织而成。

构图中多采用浪漫主义的概括、变形、夸张等手法，巧妙地将各种动和静的形体、自然纹样和几何纹样有机地结合，使整个图案既富有生活情趣，又具有鲜明的民族特色。

西兰卡普图案的色彩鲜明热烈，喜用对比色，用黑白衬托钩提。各种钩状、锯齿状、梳齿状、缝合状、连锁等边饰，加上各种多角形的小花作为点缀，又以黑色衬底，以白色镶边。于是，主次纹样由于黑

■ 土家族织锦

纹样 提花织物上的花纹图案。主要题材分为自然景物和各种几何图形两大类，有写实、写意、变形等表现手法。设计纹样要结合织物特点，做到题材新颖、表现上灵活变化。我国传统的丝绸纹样是中华民族文化艺术的组成部分之一，反映了典雅的东方艺术特点。

土家族西兰卡普

白的衬托而显得既是界限分明，又是连成一体。

西兰卡普在色彩运用上，既有唐代五彩缤纷的强烈对比，又有清代素雅大方的色调调和。土家人崇尚红、黑色，因红色系暖色，代表光明，黑色为冷色，象征庄重，故西兰卡普以红色为主，以黑色为辅，间之以黄蓝白色参差点缀。

西兰卡普作为土家民族文化的重要组成部分，内容上既体现了以继承本民族传统文化和工艺为内涵的品格，同时体现了以融合各民族先进文化因素为外延的社会与时代特征。它在传播优秀文化的同时，也在不断吸收外来先进文化来丰富发展自己。如土家西兰卡普的"福禄寿喜""富贵双全"等汉字题材的织锦图案，就是体现汉土文化交流的织锦工艺品，使西兰卡普不断步入更高的艺术品位。

阅读链接

关于西兰卡普的起源和发展，史籍中只有零零碎碎的记载。《后汉书·西南蛮夷传》所说哀牢夷"织文革绫锦"的"兰干细布"，就是西兰卡普的前身。土家族长于织作的悠久传统一直保留下来，直到改土归流前后，不论男女还保持着"喜斑斓服色"的习俗。

一般文献上对于西兰卡普给予了诸种不同的名称：清同治年间修的《龙山县志》云：土锦"或作衣裙，或作巾，故又称岗巾"。《永顺府志》云："斑布即土锦。"所谓"岗巾""土锦"等相似称谓皆指西兰卡普。